Anonymous

Sechsundzwanzigster Bericht über die Lehranstalt für die Wissenschaft des Judentums in Berlin

Anonymous

Sechsundzwanzigster Bericht über die Lehranstalt für die Wissenschaft des Judentums in Berlin

ISBN/EAN: 9783743602298

Hergestellt in Europa, USA, Kanada, Australien, Japan

Cover: Foto ©Lupo / pixelio.de

Weitere Bücher finden Sie auf **www.hansebooks.com**

Sechsundzwanzigster Bericht

der

Lehranstalt für die Wissenschaft des Judenthums

in Berlin.

Inhalt:

I. Jahresbericht des Kuratoriums für 1907.
II. Stenographischer Bericht über die Einweihung des eigenen Heims der Lehranstalt am 22. Oktober 1907.
III. Trauerrede auf Prof. Dr. Gustav Salomon Oppert, gehalten im Trauerhause am 19. März 1908 von Rabbiner Dr. M. Warschauer.

Berlin 1908.
Druck von H. S. Hermann.

Kuratorium:

Dr. Salomon Neumann, Ehrenvorsitzender.
Dr. Herman Veit Simon, Vorsitzender.
Ludwig Max Goldberger, stellvertr. Vorsitzender.
Dr. Arnold Seligsohn, stellvertr. Schriftführer.
Max Weiss, Rendant.
Oscar Wassermann, Kontrolleur.
Dr. Paul Meyer.
Dr. Hermann Cohen.
Dr. Ludwig Geiger.
Dr. Albert Mosse.

Lehrerkollegium:

Dr. E. Baneth, Vorsitzender.
Dr. I. Elbogen.
Prof. Dr. Maybaum.
Dr. A. S. Yahuda.

I.

Jahresbericht des Kuratoriums für 1907.

Das Programm der Lehranstalt

„Der Name einer Hochschule*) bezeichnet das Niveau der wissenschaftlichen Tätigkeit, welches in bezug auf die Lehrer wie auf die Schüler den Anforderungen unserer deutschen Universitäten entspricht. Dieses Höhenmaß wäre auch durch den Namen einer jüdisch-theologischen Fakultät zu bezeichnen gewesen. Indessen einerseits reicht der Umfang der Studien, welche auf unserer Anstalt getrieben werden sollen, über die Grenzen der Theologie hinaus. Die gesamte Wissenschaft des Judentums ist nicht bloß die Wissenschaft seiner Theologie; die Geschichte der Juden z. B. oder die Geschichte der jüdischen Literatur, selbst die semitischen Sprachstudien treten aus dem Rahmen einer theologischen Fakultät heraus. Alle Erzeugnisse und Schicksale des jüdischen Geistes, sein Beruf und seine Entwicklung, seine Berührung und Durchdringung mit dem Geiste anderer Völker, seine Teilnahme an der theoretischen und praktischen Entwicklung des Geistes und seine Stellung in der Geschichte der Menschheit — dies alles wird von der gesamten Wissenschaft des Judentums umfaßt, aus den Schätzen seiner eigenen oder fremden Literatur erforscht und in verschiedenen Disziplinen gelehrt.

„Andererseits aber wird auf unserer Anstalt manches nicht gelehrt werden, was eine selbständige Fakultät nicht von sich ausschließen könnte. Denn nicht bloß auf der Höhenstufe der Universität soll unsere Hochschule stehen, sondern in der innigsten Verbindung mit jener die Ausbildung ihrer Studenten bewirken. Unsere Anstalt ist kein Seminar zur abgesonderten Ausbildung von Theologen: die gesamte Wissenschaft des Judentums, aber nur diese soll auf ihr vorgetragen werden, alle anderen Wissenschaften dagegen sollen unsere Studenten auf der Universität betreiben.

---

*) Die Lehranstalt führte bis zur Erlangung der Rechte einer juristischen Person im Jahre 1883 den Namen „Hochschule für die Wissenschaft des Judenthums."

„Dies ist neben vielen anderen der hauptsächlichste Grund, weshalb unsere Hochschule an der Seite der durch Weite des Umkreises der Disziplinen ausgezeichneten Universität zu Berlin errichtet wird.

„Die Hochschule sorgt auch drittens überhaupt nicht ausschließlich für den Studenten der Theologie, auch die Studierenden der Medizin, der Jurisprudenz und der Philosophie, denen das Interesse für die Schätze und Schicksale des jüdischen Geistes nicht fehlt, sollen hier Gelegenheit finden, sich auf wissenschaftliche Weise darüber zu unterrichten.

„Uns schwebt als ein nicht zu fernes Ideal vor, daß einerseits manche Vorlesungen an unserer Hochschule — ebenso wie die öffentlichen Vorlesungen an der Universität — auch von jüdischen Laien als eine Quelle der Belehrung aufgesucht; andererseits auch nichtjüdische Studierende, welche für diesen speziellen Teil allgemeinen menschlichen Wissens ein Interesse haben, in denjenigen Zweigen, welche tatsächlich auf den Universitäten einer genügenden Beachtung entbehren, auf unserer Hochschule Belehrung suchen und finden werden.

„Dann wird es, indem namentlich auch die literarische Tätigkeit auf ihr einen festen Boden gewinnt, der glückliche Erfolg dieser Hochschule sein, über den Inhalt des Judentums, sein Wesen, seine Leistungen und seine Geschichte unter Juden und Nichtjuden Licht zu verbreiten. Und wie sehr bedarf es dessen bei beiden!

„Nicht um eine Abschließung also irgend einer Art, nach irgend einer Richtung handelt es sich, wenn wir eine eigene Lehranstalt für die Wissenschaft des Judentums errichten. Nur der Gegenstand, der hier betrieben wird, ist ein besonderer; nicht bloß bis jetzt tatsächlich ganz vernachlässigt, sondern wahrscheinlich noch lange (und vielleicht nach der natürlichen Abstufung der Interessen für immer) von den Universitäten in beschränktem Maße beachtet, erheischt er eine eigene Stätte, wo er mit dem innigsten Interesse gepflanzt und gepflegt wird. Deshalb würde auch die Errichtung eines oder zweier Lehrstühle für Wissenschaft des Judentums an einer Universität, wenn sie auf die eine oder andere Art hätte bewirkt werden können, nicht genügen. Ausgeschlossen aber ist für die Zukunft keineswegs, daß unsere Stiftung unmittelbar mit einer staatlichen Universität dann verbunden werden kann, wenn die Sicherheit gegeben ist, daß die Wissenschaft des Judentums mit den übrigen Wissenschaften gleichberechtigt und unabhängig gepflegt wird."

Die vorstehenden Worte sind dem Aufruf entnommen, mit dem im Februar 1870 die Begründer unserer Lehranstalt an die Öffentlichkeit traten. Wenn die Entwicklung nach mancher Richtung hin einen anderen Weg genommen hat, als es jenen Begründern unserer Lehranstalt vorgeschwebt haben mag, und wenn auch die Aufgaben und Ziele unserer Wissenschaft und unserer Lehranstalt sowie unsere Bestrebungen für beide durch jenes Programm nicht erschöpft sind, so hat es sich doch in allen wesentlichen Punkten bewährt und ist uns ein treuer Führer durch die Jahrzehnte gewesen. Dies auszusprechen war dem Kuratorium ein Bedürfnis bei der Veröffentlichung des Berichts für das vergangene Jahr, das mit der Vollendung des eigenen Heims nach manchen Richtungen hin eine entscheidende Bedeutung für die Entwicklung unserer Lehranstalt hat.

Am 22. Oktober 1907 konnte der Neubau Artilleriestraße 14 seiner Bestimmung übergeben werden. Eine Beschreibung des Baues ist unsern Mitgliedern bei diesem Anlaß zugegangen, sodaß wir hier von einer näheren Darstellung absehen können. Das Gebäude hat sich in dem ersten Halbjahr im wesentlichen als praktisch bewährt. Kleinere Verbesserungen werden noch im Laufe der Zeit nötig werden. *Die Eröffnung des Anstaltsgebäudes*

Die Einweihungsfeier nahm einen würdigen Verlauf.

Wenn wir auf die Bedeutung und die Zahl unserer Ehrengäste und unserer Freunde blicken, die an der Eröffnungsfeier teilgenommen haben, so glauben wir ohne Überhebung, aber mit Stolz darin ein Zeichen der Anerkennung zu finden, welche die Lehranstalt bei unserer Glaubensgemeinschaft und weit darüber hinaus zu erringen gewußt hat.

Eine besondere Auszeichnung erhielt die Feier durch die Anwesenheit Seiner Exzellenz des Herrn Ministers der geistlichen, Unterrichts- und Medizinal-Angelegenheiten, Dr. Holle, der der Lehranstalt den Glückwunsch der Staatsregierung entbot und zugleich seiner Anerkennung für die Lehranstalt Ausdruck gab. Wir sprechen dem Herrn Minister auch an dieser Stelle den herzlichsten Dank für sein Erscheinen und für die uns dargebrachten Glückwünsche aus.

Wir hatten die Freude, bei unserer Einweihungsfeier ferner als Ehrengäste zu begrüßen: Den Direktor im Kultusministerium Herrn Wirkl. Geh. Oberregierungsrat Dr. Schmidt; den Herrn Polizeipräsidenten Dr. v. Borries; den Herrn Vizepräsidenten des Provinzialschulkollegiums Dr. Mager und den Herrn Provinzialschulrat Ullmann als Vertreter des Provinzialschulkollegiums; den Herrn Stadtschulrat Dr. Michaelis als Vertreter der Stadt Berlin; die Herren Professoren der Theologie Graf Baudissin und Strack; ferner die Vertreter der Berliner jüdischen Gemeinde, der Alliance Israélite Universelle, des Verbandes der Deutschen Juden, des Deutsch-Israelitischen Gemeindebundes, der Gesellschaft zur Förderung der Wissenschaft des Judentums, der Großloge für Deutschland VIII U. O. B. B., des Zentralvereins deutscher Staatsbürger jüdischen Glaubens. Aus Breslau war unser ehemaliger Dozent Herr Professor Dr. Israel Lewy als Vertreter des jüdisch-theologischen Seminars erschienen; auch nahm unserer früherer Hörer Herr Claude G. Montefiore aus London an der Feier teil.

Zahlreiche Glückwünsche von Privaten und Korporationen waren uns von nah und fern zugegangen, von denen wir besonders die Glückwünsche des Rektors der hiesigen Universität Herrn Geh. Regierungsrat Professor Dr. Stumpf und des Dekans der theologischen Fakultät Herrn Wirkl. Geh. Oberregierungsrat Prof. D. Dr. Harnack hervorheben.

Weitere Mitteilungen über die Einweihungsfeier geben wir im zweiten Teil dieses Berichts nach stenographischen Aufzeichnungen.

Nachdem die Feier beendigt war, wurden die Räume des Hauses von den Teilnehmern des Festes eingehend besichtigt; die Zweckmäßigkeit und Gediegenheit des Baues sowie der inneren Einrichtung, insbesondere der Bibliothek, wurden allgemein anerkannt.

Am Abend des Tages vereinigten sich zahlreiche Freunde und Gönner der Anstalt mit den Kuratoren, Dozenten und Hörern auf Einladung des Vereines der Hörer unserer Lehranstalt, um das Gelingen des für die Anstalt bedeutsamen Werks an fröhlicher Tafel zu feiern.

In der Anlage E bringen wir eine Zusammenstellung der- jenigen Gönner, welche zum Baufonds beigetragen haben; wir sprechen ihnen für ihre hochherzige Freigebigkeit den herzlichsten Dank aus. *Spenden zum Baufonds*

Die „Festschrift zur Einweihung des eigenen Heims" enthält eine von Herrn Dozenten Dr. I. Elbogen verfaßte, eingehende Darstellung der Entstehung, der Entwicklung und der inneren Organisation unserer Lehranstalt. Zum Schluß schildert der Erbauer des neuen Heims, Herr Baumeister Höniger, Architekt der hiesigen jüdischen Gemeinde, das Haus und seine Einrichtung. Denjenigen Mitgliedern, welche die Festschrift etwa nicht erhalten haben sollten, werden wir sie auf Wunsch gern zusenden. *Festschrift*

Die in Berlin erscheinende Zeitschrift „Ost und West", Organ der Deutschen Conferenz-Gemeinschaft der Alliance Israélite Universelle, hat ihr Novemberheft (1907) der Lehranstalt als Festnummer zur Einweihung des eigenen Heims gewidmet. Das Heft enthält eine Reihe sehr anziehender, reich illustrierter Aufsätze von Dr. Felix Goldmann, Prof. Dr. Ludwig Geiger, Oberrabb. Prof. Dr. G. Klein, Stockholm, Rabb. Dr. Max Joseph, Dr. Simon Bernfeld, Prof. Dr. K. Vollers, Dr. Max Eschelbacher, Rabb. Dr. Ad. Rosenzweig. Sie behandeln das innere Leben der Lehranstalt seit ihrer Errichtung, geben auch bemerkenswerte Anregungen für den weiteren inneren Ausbau der Anstalt. An der Spitze der „Mitteilungen aus dem Deutschen Bureau der A. I. U." bringt das Präsidium der Conferenz-Gemeinschaft in warmen, anerkennenden Worten der Lehranstalt Gruß und Glückwunsch dar. Die Herausgabe dieser Festnummer seitens des angesehenen und weit verbreiteten Blattes bedeutet für die Lehranstalt eine hervorragende Ehrung, und sie bot uns zugleich ein vorzügliches Mittel zur Aufklärung über unsere Ziele und zur Gewinnung zahlreicher neuer Freunde. Es ist uns eine angenehme Pflicht, dem Präsidium der Conferenz-Gemeinschaft sowie der Schriftleitung von „Ost und West" unsern herzlichen Dank hiermit auszusprechen. *Widmungen*

Anläßlich der Einweihungsfeier ist der Lehranstalt von seiten früherer Hörer durch ein Komitee unter dem Vorsitze des Herrn Rabbiner Dr. Adolf Rosenzweig in Berlin, in pietätvoller Erinnerung an den großen Lehrer, das wohlgelungene, von Lesser Ury gemalte Bild Abraham Geigers gestiftet worden, das der Aula der Lehranstalt zur dauernden Zierde gereichen wird.

Aus gleichem Anlaß widmete der Lehranstalt ihr ehemaliger Hörer, Herr Rabbiner Dr. David Neumark, gegenwärtig Dozent am Hebrew Union College in Cincinnati, den ersten Band seines groß angelegten Werkes „Geschichte der jüdischen Philosophie im Mittelalter". Ferner widmete ihr Herr Dr. M. Barol, Bibliothekar der Lehranstalt, seine Schrift „Menachem ben Simon aus Posquières und sein Kommentar zu Jeremia und Ezechiel".

Wir statten auch an dieser Stelle für die freundlichen Widmungen den herzlichsten Dank ab.

Schriften der Lehranstalt Zur Eröffnung des Neubaus wurde von uns außer der erwähnten Festschrift auch das erste und zweite Heft des ersten Bandes der im vorjährigen Bericht angekündigten „Schriften der Lehranstalt" ausgegeben, die im Verlag von Mayer & Müller, Berlin, erscheinen. Das Doppelheft enthält eine Abhandlung des Dozenten der Lehranstalt Herrn Dr. Ismar Elbogen „Studien zur Geschichte des jüdischen Gottesdienstes" (mit hebräischem Anhang „Neue 'Aboda - Texte"). Mit dem Erscheinen der „Schriften" sind die wissenschaftlichen Beilagen der Jahresberichte in Wegfall gekommen. Durch die neue Gestaltung der Publikation wird die Zahl der Mitarbeiter vermehrt und das Arbeitsgebiet erweitert; so dürfen wir hoffen, daß auch das Interesse für unsere Studien dadurch gehoben und belebt wird.

Den Wohltätern der Lehranstalt werden die jeweilig erscheinenden Hefte der „Schriften der Lehranstalt" auf Verlangen kostenlos zugesandt.

Kuratorium In der ordentlichen Generalversammlung vom 14. April 1907 wurden nach Erstattung des Berichts und Entlastung der Rechnungen die ausscheidenden Mitglieder des Kuratoriums Geheimer Regierungsrat Professor Dr. Hermann Cohen, Oberregierungsrat Dr. Paul Meyer und Professor Dr. Gustav Oppert wiedergewählt.

Eine außerordentliche Generalversammlung fand am 20. Oktober 1907, kurz vor der Einweihungsfeier, in den neuen Räumen der Lehranstalt statt. An Stelle des Herrn Bankier

Georg Meyer, der zu unserem aufrichtigen Bedauern sein Amt niedergelegt hatte, wurde Herr Geheimer Justizrat Professor Dr. Albert Mosse zum Mitglied des Kuratoriums gewählt. Die Versammlung bekundete auf unsern Antrag Herrn Georg Meyer den Dank für seine vieljährige getreue Mitarbeit.

Die Revisoren Herren Benno Braun und Dr. Max Ginsberg haben die Rechnungsabschlüsse und die hierzu gehörigen Belege für 1907 geprüft und für richtig befunden.

Das neue Jahr hat der Lehranstalt einen schmerzlichen Verlust gebracht. Der Schriftführer des Kuratoriums Herr Prof. Dr. Gustav Oppert ist am 17. März 1908 durch den Tod abberufen worden. Dem hochverdienten Manne widmeten das Kuratorium und das Lehrerkollegium folgenden Nachruf:

Heute früh verschied hierselbst nach längerem Leiden das langjährige Mitglied unseres Kuratoriums, Herr

Professor Dr. Gustav Oppert.

Unsere Lehranstalt erleidet durch seinen Tod einen herben Verlust. Oppert verband mit tiefer Gelehrsamkeit und unbeugsamem Charakter warme Anhänglichkeit an das Judentum und rege Teilnahme für dessen Wissenschaft. Bei unserer Lehranstalt fand er eine reiche Stätte für die Betätigung dieser Teilnahme. Ihr widmete er in den letzten Jahren seines Lebens einen nicht geringen Teil seiner Arbeitskraft, förderte ihre Bestrebungen nach allen Richtungen und war insbesondere im Interesse unserer Bibliothek und unserer Stipendienkommission, sowie für unsere Montagsvorlesungen unermüdlich tätig.

Durch sein mildes, menschenfreundliches Wesen wurde er uns allen im Laufe der Jahre ein lieber Freund. So trauern wir an seiner Bahre!

Hat sich Oppert durch seine persönliche Wirksamkeit unvergängliche Verdienste um unsere Lehranstalt erworben, so hat er seinen Namen für alle Zeit verewigt durch die großherzigen letztwilligen Zuwendungen, die seinen Namen tragen werden.

Das Andenken des edlen Mannes und treuen Freundes wird in unserer Lehranstalt niemals erlöschen.

Berlin, den 17. März 1908.

Lehranstalt für die Wissenschaft des Judentums.

Das Kuratorium:	Das Lehrerkollegium:
Dr. Herman Veit Simon.	Prof. Dr. S. Maybaum.

Am 19. März fand im Trauerhause eine Gedächtnisfeier statt, bei der der frühere Hörer der Lehranstalt Herr Dr. M. Warschauer, Rabbiner der hiesigen jüdischen Gemeinde, die Trauerrede hielt. Wir veröffentlichen die Rede zu bleibendem ehrendem Gedächtnis für den Entschlafenen im dritten Teil dieses Berichts. Über den Inhalt seiner letztwilligen Verfügung werden wir im nächsten Jahre berichten.

In der Generalversammlung am 26. April 1908 hat eine Wahl für die statutengemäß ausscheidenden Herren Sanitätsrat Dr. Neumann und Justizrat Dr. Seligsohn stattzufinden. Außerdem ist die Stelle des verstorbenen Herrn Professor Dr. Gustav Oppert zu besetzen.

Ehrenmitglieder Zu Ehrenmitgliedern wurden in der außerordentlichen Generalversammlung am 20. Oktober 1907 auf Antrag des Kuratoriums einstimmig durch Zuruf ernannt Herr Sanitätsrat Dr. Salomon Neumann, Frau Stadtrat Nanny Meyer und Herr Rabbiner Professor Dr. S. Maybaum. Ferner wurde einmütig beschlossen, unsere heimgegangenen Wohltäter Herrn Rittergutsbesitzer Nathan Bernstein und Frau Geheimrat Ida Simon geb. Lehweß in den Listen der Lehranstalt als immerwährende Ehrenmitglieder zu führen. Die unvergänglichen Verdienste, welche die Ehrenmitglieder um unsere Lehranstalt sich erworben haben, sind unseren Mitgliedern seit langem wohlbekannt.

Die außerordentliche Generalversammlung schloß mit einem Vortrag des Herrn Dozenten Dr. A. S. Yahuda über die wissenschaftlichen Aufgaben der Lehranstalt.

Lehrerkollegium Im Lehrerkollegium ist im Berichtsjahr keine Änderung eingetreten.

Zulassung eines Dozenten Mit dem Sommersemester 1908 erweitert sich die Zahl der Dozenten durch den Zutritt des Herrn Dr. Max Schlössinger, der an unserer Anstalt die Rabbinatsprüfung bestanden und am Hebrew Union College in Cincinnati, Nordamerika, 3 Jahre als Bibliothekar und Lehrer gewirkt hat. Er wurde auf Grund der von ihm eingereichten Schrift „The Ritual of Eldad Ha-Dani" zur Haltung von Vorlesungen über alte jüdische Geschichte und Literaturgeschichte, insbesondere für die haggadische Literatur nebst den mit ihr zusammenhängenden Gebieten der jüdischen

Volks- und Sagenkunde, Sitten- und Religionsgeschichte an der Lehranstalt zugelassen.

Die Vorbereitungskurse im Hebräischen, die dazu bestimmt sind, die neu eintretenden Hörer in das Studium des biblischen und rabbinischen Schrifttums einzuführen, wurden seither von Herrn Bibliothekar Dr. Barol abgehalten. Die im Neubau eingerichteten größeren Bibliothekräume, in denen unsere Büchersammlung angemessener aufgestellt ist und der Benutzung besser zugängig gemacht werden kann, sowie der neu eingerichtete Lesesaal haben die Anstellung eines zweiten Bibliothekars erfordert. Wir haben daher neben Herrn Dr. Barol Herrn Dr. phil. Moses Friedländer als Bibliothekar angestellt und haben ihm zugleich einen Teil des erweiterten Vorbereitungsunterrichts wie auch die Geschäfte des Sekretariats übertragen. *(Präparandie und Bibliothekverwaltung)*

Die im Sommersemester 1907 und im Wintersemester 1907/08 gehaltenen Vorlesungen sind in der Anlage A verzeichnet. *(Vorlesungen und Übungen)*

Die sabbatlichen Übungspredigten der Hörer in den hiesigen Gemeinde-Synagogen sind unverändert fortgesetzt worden.

Zahl der ordentlichen Hörer: *(Hörer)*

a) Im Sommersemester 1907: 44 (32 Deutsche, 12 Ausländer — 8 aus Österreich-Ungarn, 2 aus Rußland, 1 aus Rumänien, 1 aus Amerika).

b) Im Wintersemester 1907/08: 38 (30 Deutsche, 8 Ausländer — 5 aus Österreich-Ungarn, 2 aus Rußland, 1 aus Amerika).

Sämtliche Hörer hatten statutenmäßig das Zeugnis der Reife für das akademische Studium.

Von den gegenwärtigen Hörern gehören der Lehranstalt an seit 1897 (mit Unterbrechung) 1; seit 1899: 1; 1901: 4; 1902: 5; 1903: 6; 1904: 3; 1905: 6; 1906: 5; 1907: 7.

Zahl der Hospitanten:

a) im Sommersemester 1907: 6 (3 aus Österreich-Ungarn, 1 aus Rußland, 1 aus Holland, 1 aus der Türkei).

b) im Wintersemester 1907/08: 17 (7 aus Deutschland, 3 aus Österreich-Ungarn, 6 aus Rußland, 1 aus der Türkei).

Die Lehranstalt beklagt schmerzlich den Tod eines lieben Commilitonen, des ordentlichen Hörers Dr. Martin Silbermann, der nach langem Leiden am 10. August 1907 verschied, nachdem er der Lehranstalt zwei Jahre angehört hatte. Der Heimgegangene hat sich durch die Lauterkeit seines Charakters und seine Hingebung für das Studium der jüdischen Theologie die herzliche Zuneigung und Wertschätzung seiner Lehrer und Studiengenossen erworben. Von dem Vater, Herrn Albert Silbermann in Berlin, ist in dankenswerter Weise an der Lehranstalt eine „Dr.-Martin-Silbermann-Stiftung" mit einem Kapital von 2000 M errichtet worden. Über die Verwendung der Zinsen soll das Kuratorium alljährlich zum 8. Februar, dem Geburtstag des Verblichenen, Bestimmung treffen.

Rabbinatsprüfungen und Berufungen

Die Rabbinatsprüfung haben bestanden die Herren Dr. Felix Goldmann, Dr. Schulim Ochser, Sally Gans, Dr. Arthur Rosenzweig und Dr. Max Wiener.

Von ehemaligen bereits im Amte befindlichen Hörern sind berufen worden: Herr Rabbiner Dr. Leo Baeck von Oppeln nach Düsseldorf, Herr Rabbiner Dr. Emil Cohn nach Kiel; ferner Herr Rabbiner Dr. David Neumark als Dozent für Religionsphilosophie und Bibelexegese an das Hebrew Union College in Cincinnati, Nordamerika.

Es sind neu berufen worden: Herr Rabbiner Sally Gans nach Pr.-Stargard; Herr Rabbiner Dr. Felix Goldmann nach Oppeln; Herr Dr. Moritz Lorge an die mit einem Lehrerinnenseminar verbundene Großherzogliche höhere Töchterschule zu Mainz.

Mit dem Predigtamte für Festtags-Gottesdienste ist im Jahre 1907 wiederum von der hiesigen jüdischen Gemeinde wie von auswärtigen Gemeinden eine größere Zahl von Hörern betraut worden.

Preisaufgaben

Die im Jahre 1907 von der Dr.-M.-Kirschstein-Stiftung ausgeschriebene Preisaufgabe: „Die soziale Lage der Juden in Deutschland vor den Kreuzzügen" hat keine Bearbeitung gefunden. Für 1908 wird außer demselben Thema das folgende zur Preisbewerbung gestellt: „Die wesentlichen Unterschiede in der Beurteilung der Persönlichkeit und Wirksamkeit Davids und Salomos in II. Sam. Kap. 2 bis I. Könige Kap. 12 und in den Büchern der Chronik".

— 15 —

Für die von der Moses-Mendelssohn-Stiftung für das Jahr 1908 ausgeschriebenen zwei Preisaufgaben: „Die formalen Erfordernisse der Bedingung nach talmudischem Rechte" und „Die Exegese des Segens Moses", ist je eine Arbeit eingegangen. Keiner der beiden Arbeiten konnte der Preis verliehen werden, dagegen wurde ihnen ein Akzessit von je 75 M zugesprochen. Verfasser beider Arbeiten ist Herr Dr. Bernhard Schreier.

Der Preis der Moritz-Meyer-Stiftung ist im Berichtsjahre am 16. Februar, dem Todestage des sel. Stadtrats Moritz Meyer, auf Vorschlag des Lehrerkollegiums dem seitdem heimgegangenen Hörer Herrn Dr. Martin Silbermann zuerteilt worden.

Preis

Mit besonderer Genugtuung gedenken wir der am 8. März 1906 mit einem Kapital von rund 42 000 M begründeten selbständigen „Salomon-Neumann-Stiftung für die Wissenschaft des Judentums zu Berlin", die im Berichtsjahre die Königliche Genehmigung erhielt. Die Stiftung wurde von unserem Ehrenvorsitzenden, Herrn Sanitätsrat Dr. Salomon Neumann, mit der Ehrengabe errichtet, die ihm bei Vollendung seines 80. Lebensjahres — am 22. Oktober 1899 — von seinen Kollegen aus den Kuratorien der Lehranstalt für die Wissenschaft des Judentums sowie der Zunz-Stiftung zu Berlin, von Freunden und Verwandten dargebracht worden war. Der Zweck der Stiftung ist die Förderung der Wissenschaft des Judentums auf der Grundlage freier Forschung und freier Lehre, unabhängig von jeglicher politischen, sozialen und religiösen Tendenz. Die Stiftung ist lediglich gewidmet der Erforschung der Wahrheit über Judentum und Juden im weitesten Sinne: nichts was Judentum und Juden betrifft, soll hierbei ausgeschlossen sein. Die Tätigkeit der Stiftung beginnt, sobald die jährlichen Zinserträge auf 2000 M angewachsen sind.

Salomon-Neumann-Stiftung

Bei der Auswahl der Mitglieder des Kuratoriums der Salomon-Neumann-Stiftung soll auch das Kuratorium der Lehranstalt berücksichtigt werden.

Zugunsten der Lehranstalt bestimmen die Satzungen:

„Aus den Erträgen des Stiftungsvermögens soll dem Kuratorium der Lehranstalt für die Wissenschaft des Judentums in Berlin zwecks Verbesserung der Lehrergehälter oder zur Erweiterung der Lehrtätigkeit ein Mindestbetrag von 1200 M und, sobald das Jahreseinkommen der Stiftung auf 5000 M sich beläuft, ein Mindestbetrag von 2000 M alljährlich zur Verfügung gestellt werden."

Somit steht der Lehranstalt in Zukunft ein regelmäßiger stetiger Jahresbeitrag aus dieser Stiftung in Aussicht. Für die durch die Satzung bezeugte Fürsorge spricht die Lehranstalt dem allverehrten Stifter wärmsten Dank aus und gibt zugleich der Hoffnung Ausdruck, daß es ihm vergönnt sein möge, sich noch lange Jahre der segensreichen Tätigkeit seiner Stiftung zu erfreuen.

S. Maybaum-Fonds Einen neuen Fonds für Prämiierung von wissenschaftlichen Arbeiten der Hörer verdankt die Lehranstalt, wie bereits im vorigen Bericht kurz mitgeteilt, dem Senior des Lehrerkollegiums. Herr Professor Dr. S. Maybaum hat uns von dem ihm anläßlich der Jubelfeier seiner 25jährigen Wirksamkeit als Rabbiner der hiesigen jüdischen Gemeinde (18. Mai 1881—1906) von Freunden und Verehrern überreichten Ehrengeschenk einen Betrag von 5000 M zur Begründung eines „S. Maybaum-Fonds" überwiesen. Die Zinsen des Fonds sind alle 3 Jahre zur Verleihung eines Preises für die beste Arbeit zu verwenden, die über eine Frage der praktischen Theologie oder ihrer Geschichte eingereicht wird. Die Preisfragen sollen abwechselnd aus der Homiletik, dem Midrasch, der Didaktik und der Liturgik gestellt werden.

S. Maybaum-Stiftung Einen weiteren Betrag von 5000 M hat Herr Professor Dr. Maybaum zur Begründung einer selbständigen „S. Maybaum-Stiftung für religiöse Praxis" verwandt, deren Vermögen wir auf Wunsch des Stifters verwalten.

Bibliothek Unsere Bibliothek hat in diesem Berichtsjahre außer durch Ankauf einen Zuwachs durch Schenkungen erfahren, für die wir den Gebern hiermit auch an dieser Stelle unseren Dank aussprechen. Das Verzeichnis der zugewendeten und gekauften Bücher ist in der Anlage B enthalten.

Finanzbericht Die Einnahmen und Ausgaben des Rechnungsjahres 1907 werden in der Anlage C nachgewiesen.

Unser Etat ist durch den Neubau der Lehranstalt und durch die damit im Zusammenhang stehende Erhöhung der laufenden Ausgaben außerordentlich belastet worden. Die

Rechnung für den Neubau ist noch nicht abgeschlossen. Bis zum 31. Dezember 1907 waren für Grundstück und Bau 243 342,30 M aufgewendet, hingegen zur Deckung dieser Summe nur 199 412,50 M aufgebracht worden. Der Bau konnte nur dadurch zu Ende geführt werden, daß das Grundstück mit einer Hypothek von 50 000 M belastet wurde. Beim Abschluß des gegenwärtigen Berichts ist der Fehlbetrag des Baufonds bereits auf ca. 60 000 M angewachsen. Wir sind daher genötigt, nochmals den werktätigen Beistand der Freunde unserer Bestrebungen anzurufen, damit unsere Schuldenlast möglichst bald getilgt werden kann.

Den bisher in den Passiven unserer Bilanz geführten Posten „Laufende Ausgaben" haben wir in einen Dispositionsfonds umgewandelt, aus dem vorläufig die durch Aufnahme der Hypothek nicht gedeckten Fehlbeträge für das Grundstückskonto zu decken sein werden.

Die Steigerung der laufenden Ausgaben konnte bisher im wesentlichen dadurch ausgeglichen werden, daß unsere bisherigen Einnahmen uns nicht nur erhalten blieben, sondern auch eine Steigerung erfuhren. Insbesondere sind wir der hiesigen jüdischen Gemeinde dafür verpflichtet, daß sie ihren Jahresbeitrag von 6500 M auf 8000 M erhöhte. Von der Baronin von Cohn-Oppenheim-Stiftung der israelitischen Kultusgemeinde zu Dessau sind uns für das vergangene Jahr wiederum 1000 M zugewendet worden.

Von jüdischen Gemeinden außerhalb Berlins hatten bisher nur die jüdische Gemeinde zu Braunschweig und der israelitische Tempelverband zu Hamburg Jahresbeiträge bewilligt. Da unsere Lehranstalt indessen den Interessen aller jüdischen Gemeinden des deutschen Reichs in gleicher Weise dient, so sah sich das Kuratorium veranlaßt, sich an eine größere Anzahl der hervorragenderen Gemeinden zu wenden, und wir können zu unserer Freude mitteilen, daß unser Aufruf auf fruchtbaren Boden gefallen ist.

Vor allem hat uns die jüdische Gemeinde zu Frankfurt a. M. zunächst auf drei Jahre einen Jahresbeitrag von 1000 M bewilligt. Die Beiträge, welche von den jüdischen Gemeinden für das Jahr 1907 bewilligt wurden, sind in der unten folgenden Liste aufgeführt. Jahresbeiträge für 1908 wurden uns außerdem von den Gemeinden Nürnberg (300 M), Dresden (200 M), Beuthen,

Königsberg i. Pr. (je 150 M), Augsburg, Glogau (je 100 M), Bielefeld, Chemnitz, Gnesen, Heidelberg, Magdeburg, Mannheim (je 50 M), Bremen (25 M) zugesagt. Wir geben uns der zuversichtlichen Erwartung hin, daß dieses Beispiel Nachfolge finden, und daß ein Teil der Gemeinden in Erkenntnis der Bedeutung unserer Anstalt ihre Beiträge erhöhen wird.

Im Berichtsjahr ist auch eine größere Zahl neuer Einzelmitglieder der Lehranstalt beigetreten, so daß die Zahl der beitragenden Mitglieder von 305 auf 483 gestiegen ist. Wir nehmen Gelegenheit, an dieser Stelle besonders den Herren Max Weiß und Moritz Wolfsohn zu danken, auf deren Tätigkeit der Zuwachs in erster Reihe zurückzuführen ist.

Gleichwohl können wir in unserem Etat für 1908 das Gleichgewicht zwischen Einnahme und Ausgabe, selbst bei großer Einschränkung der Ausgaben, nur für den Fall annehmen, daß die regelmäßigen Beiträge erheblich steigen. Unser harren auch weitere wichtige Aufgaben, die wir ohne Vermehrung unserer Mittel nicht erfüllen können.

Die im Jahre 1907 eingegangenen Gaben sind in Gemäßheit der Statuten bezw. nach Bestimmung der Geber wie folgt verwendet worden:

A. Für den **eisernen Fonds:**
  1. Von den Geschwistern von Bleichröder zum Andenken an ihren sel. Vater Gerson von Bleichröder . . . . 1000,— M
  2. Von Herrn Eduard Cohen, Frankfurt a. M. 3000,— „
  3. Von demselben . . . . 3000,— „
  4. Von demselben . . . . 4000,— „
  5. Legat des heimgegangenen Herrn Rentier Louis Simon durch seine Schwester Frau Natalie Kalisky . . . . 3000,— „
  6. Von Frau Stadtrat Nanny Meyer . . . . 2000,— „

B. Für **laufende Ausgaben** (außer den Jahresbeiträgen der Wohltäter):
  1. Beitrag der jüdischen Gemeinde (der Mehrbetrag von 1500 M gelangte erst 1908 zur Auszahlung) . . . . 6500,— „

2. Beitrag der Baronin-von-Cohn-Oppenheim-Stiftung der Israelitischen Kultusgemeinde zu Dessau . . . . 1000,— M

3. Die Jahresbeiträge der Synagogengemeinden

    a) Frankfurt a. M. . . . . 1000,— „
    b) Braunschweig . . . . 120,— „
    c) Tempelverband Hamburg . . . . . . 120,— „
    d) Wiesbaden . . . . 100,— „
    e) Duisburg . . . . 75,— „
    f) Liegnitz . . . . 50,— „
    g) Offenbach a. M. . . . . 50,— „
    h) Potsdam . . . . 50,— „
    i) Trier . . . . 50,— „
    k) Bonn . . . . 30,— „
    l) Thorn . . . . 30,— „
    m) Gießen . . . . 25,— „
    n) Bruchsal . . . . 20,— „

4. Die einmaligen Beiträge

    a) von S. Juda . . . . 30,— „
    b) „ Ungenannt aus Oberhof . . . . . 15,— „
    c) „ der Synagogengemeinde zu Darmstadt . . . . 50,— „
    d) „ der Synagogengemeinde zu Erfurt . . . . 50,— „
    e) „ J. Simson, Gotha . . . . 10,— „
    f) „ Ungenannt . . . . 50,— „
    g) „ Heinrich Oliven . . . . 50,— „

C. Für **Stiftungen**:

1. Von Herrn Geh. Kommerzienrat Ludwig Max Goldberger als Jahresbeitrag für den Louis-Simonschen Lehrstuhl . . . . 2000,— „
2. Von Herrn Albert Silbermann zur Begründung der Dr.-Martin-Silbermann-Stiftung (s. oben) in 4 proz. neuen Berliner Pfandbriefen nominal . . . . 2000,— „
3. Von Herrn Professor Dr. S. Maybaum zur Errichtung des Maybaum-Fonds (s. oben) in 3 proz. Preuß. Consols nominal . . . . . . 5000,— „

D. Für den **Baufonds**:

1. Von Herrn Charles L. Hallgarten, Frankfurt a. M. ... 2000,— M
2. Von Herrn Dr. Karl Sulzbach, Frankfurt a. M. 1000,— „
3. „ „ Henry Seligmann, Frankfurt a. M. 500,— „
4. „ „ Justizrat Dr. Arnold Seligsohn . 5000,— „
5. „ „ Oscar Wassermann (2. Rate) . 1000,— „
6. „ „ Direktor Dr. Georg Minden . . 1000,— „
7. „ „ Justizrat Dr. Edmund Lachmann 3000,— „
8. „ „ Rudolf Mosse .... 5000,— „
9. „ Frau Caroline Marcus geb. Fischl . . 600,— „
10. „ Herrn Gustav Wolff, Krausenstr. 37 . 1000,— „
11. „ „ Oscar Tietz .... 500,— „
12. „ „ Ludwig Ginsberg ..... 300,- „
13. „ den Julius-Bleichröderschen Erben 600,— „
14. „ „ Erben des Kommerzienrats Hermann N. Israel .... 5000,— „
15. „ Herrn Theodor Mosse ...... 5000,— „
16. „ „ Generalkonsul Franz Philippson, Brüssel .... 4000,— „
17. Von Herrn Max Meyer, Viktoriastr. 8 . . . 500,— „
18. „ „ Max Weiß .... 3000,— „
19. „ „ Theodor Pincus .... 600,— „
20. „ „ S. Schönlank .... 1000,— „
21. „ „ C. L. Netter .... 2000,— „
22. „ „ Martin Lebrecht, München . . 100,— „
23. „ „ Geh. Kommerzienrat W. Kopetzky 300,— „
24. „ Frau Julie Neumann .... 300,— „
25. „ Herrn Dr. Max Ginsberg ..... 500,— „
26. „ „ Wilhelm Meyerhof ..... 300,— „
27. „ „ Konsul Josef Litten ..... 100,— „
28. „ „ Louis Sachs .... 100,— „
29. „ „ Kommerzienrat Gerson Simon 500,— „

Allen unsern vorgenannten Wohltätern sprechen wir an dieser Stelle nochmals unsern herzlichsten Dank für ihre hochherzigen Zuwendungen aus.

Stipendienkasse

Bei der **Stipendienkasse** (Anlage D) sind folgende Beiträge eingegangen:

1. Von der jüdischen Gemeinde hier aus dem
   Hertelschen Legate . . . . 450,— M
2. Von der Jacob-Hirsch-Brandenburg-
   Stiftung . . . . 802,— „
3. Von Frau Johanna Levy geb. Salomon zum
   Andenken an den Sterbetag ihres sel. Mannes 300,— „
4. Von Frau Stadtrat Nanny Meyer . . . . 300.— „
5. Rückzahlungen von früheren Stipendiaten . 1380,— „

Aus den Montagsvorlesungen sind der Stipendienkasse im Berichtsjahre zugeflossen . . . . 1750,— „

Von den 27 Stipendiaten im Jahre 1907 waren 18 Deutsche, Stipendiaten
9 Ausländer (5 aus Österreich-Ungarn, 2 aus Rußland, 1 aus der
Türkei, 1 aus Rumänien).

Aus der David-Herzogschen Freitisch-Stiftung
wurde vom 1. April 1907 bis 1. April 1908 13 Hörern der Lehranstalt, darunter 8 Deutsche und 5 Ausländer (3 aus Österreich,
1 aus Rußland, 1 aus der Türkei) freier Mittagstisch gewährt, wofür
3186 M ausgegeben wurden. — Die Darlehnskasse der Hörer
unserer Lehranstalt hat auch im laufenden Jahre segensreich
gewirkt und wird dem Wohlwollen unserer Gönner und Freunde
empfohlen.

Die Montagsvorlesungen zugunsten der Stipendienkassen Montags-
fanden in diesem Jahre zum ersten Male in unserem neuen Heim vorlesungen
statt. Die zahlreiche Zuhörerschaft, die der Eröffnungsvortrag
des Herrn Geheimrat Sachau in unserer Aula versammelte,
blieb auch den späteren Vorlesungen treu. Es wurden folgende
Vorträge gehalten:

Am 20. Januar: Herr Geh. Oberregierungsrat Prof. **Dr. Eduard
Sachau**: „Eine Korrespondenz der jüdischen
Gemeinde zu Elephantine in Oberägypten mit
dem Statthalter Bagoas von Judäa im Jahre 407
vor Christi Geburt".
Am 3. Februar: Herr **Dr. Julius Hülsen** aus Frankfurt a. M.:
„Der alte jüdische Friedhof in Frankfurt a. M."
(mit Lichtbildern).
Am 2. März: Herr Rabbiner **Dr. Vogelstein** aus Königsberg
i. Pr.: „Volksbildung im Judentum zur Zeit des
zweiten Tempels".

Am 23. März: Herr Rabbiner **Dr. J. Eschelbacher:** „Michael Sachs".
Am 30. März: Herr Prof. **Dr. Ludwig Geiger:** „Berthold Auerbach".
Am 6. April: Herr Rabbiner **Dr. Lucas** aus Glogau: „Geschichte der Juden in Portugal".

Wir sprechen den verehrten Herren hiermit auch an dieser Stelle unsern aufrichtigen Dank aus.

Berlin, im April 1908.

Das Kuratorium
der Lehranstalt für die Wissenschaft des Judentums.

Anlage A.

Verzeichnis der gehaltenen Vorlesungen.

Im Sommersemester 1907:

Dr. **Baneth:** 1. Talmud babyl. Kidduschin, Kap. IV, 4 Stunden. 2. Talmud babyl. Nedarim, Kap. III, 4 Stunden. 3. Einleitung in den Talmud, 1 Stunde. 4. Jore De'a (Tur und Schulchan 'Aruch, Hil. Ta'arubot), 2 Stunden. 5. Eben ha ezer XVII (Forts.), 1 Stunde. 6. Mischne Tora, Buch 8, 2 Stunden.

Dr. **Elbogen:** 1. Alte Pentateuch-Kommentare (für Fortgeschrittene), 2 Stunden. 2. Talmud babyl. Moëd Katon, Kap. III, Ende, 4 Stunden. 3. Geschichte der Juden in Deutschland, II. Teil, 2 Stunden. 4. Geschichte der Schriftauslegung, 2 Stunden. 5. Historische Übungen, $1\frac{1}{2}$ Stunden.

Prof. Dr. **Maybaum:** 1. Midrasch Tanchuma, 1 Stunde. 2. Homiletische Übungen, 2 Stunden.

Dr. **Yahuda:** 1. Das Buch Hiob, 2 Stunden. 2. Die Bücher Samuelis und der Könige mit Quellenuntersuchungen, unter Heranziehung der Bücher der Chronik nebst archäologischen und historischen Exkursen, 3 Stunden. 3. Hebräische Grammatik mit stilistischen Übungen, 3 Stunden. 4. Maimunis Einleitung in die 13 Glaubensartikel (arabisch), 1 Stunde. 5. Lektüre arabischer Texte für Fortgeschrittene (privatissime), 2 Stunden.

Im Wintersemester 1907/8:

Dr. **Baneth:** 1. Talmud babyl. Kidduschin, Kap. IV, 4 Stunden. 2. Talmud babyl. Nedarim, Kap. IV—VI, 4 Stunden. 3. Orach chajim, Hil. Tefilla, 1 Stunde. 4. Jore De'a (Tur und Schulchan 'Aruch, Hilch. Ta'arubot), 1 Stunde. 5. Eben ha ezer XVII (Schluß), 1 Stunde. 6. Mischne Tora, Buch 9, 2 Stunden. 7. Der jüdische Kalender, 1 Stunde.

Dr. **Elbogen:** 1. Einleitung in die Wissenschaft des Judentums, 1 Stunde. 2. Pentateuch mit alten Kommentaren (für Fortgeschrittene), 2 Std. 3. Talmud, Rosch haschanah, Kap. III, 4 Stunden. 4. Geschichte der Juden in Deutschland, III. Teil (1500—1750), 2 Stunden. 5. Historische Übungen, 2 Stunden.

Prof. Dr. Maybaum: 1. Homiletik, 1 Stunde. 2. Homiletische Übungen, 2 Stunden.

Dr. Yahuda: 1. Das Buch Hiob, 2 Stunden. 2. Die Bücher der Könige mit Quellenuntersuchungen unter Heranziehung der Bücher der Chronik nebst historischen Exkursen über die Nachbarvölker Israels, 3 Stunden. 3. Hebräische Grammatik mit stilistischen Übungen, 3 Stunden. 4. Ausgewählte religiöse Gedichte von Gabirol, Jeh. Halevi und Ibn Ezra, 1 Stde. 5. Altarabische Gedichte (privatissime), 2 Stunden.

Dr. Freund: Die Grundzüge des preußischen Schulrechts unter besonderer Berücksichtigung der jüdischen konfessionellen Verhältnisse, 2 Stunden.

Anlage B.

I. Verzeichnis
der unserer Bibliothek zugewendeten Bücher und deren Spender.

Dir. Dr. S. Adler in Frankfurt a. M.: 1. Programm des Philanthropin zu Frankfurt a. M. 1907; 2. Zur Erinnerung an Dr. Hermann Baerwald.

Akademischer Verein für jüd. Geschichte und Literatur: Cohen, J., Geschichte des akadem. Vereins f. j. G. u. L.

Alliance Israélite Univ. in Paris: 1. Ratner, ס׳ אהבת ציון וירושלים zu Kilajim u. Maaseroth; 2. A. Süßmann, die Judenschuldentilgung unter König Wenzel; 3. Bericht für 1906.

American Jewish Historical Society in New York: Publications No. 16.

Stadtrabb. Dr. M. Appel in Karlsruhe: 2 Trauerreden.

Dr. E. Appel: Leone Medigos Lehre vom Weltall (Diss.).

Dr. V. Aptowitzer in Wien: Beiträge zur mos. Rezeption im armenischen Recht.

Prof. J. Bánóczi in Budapest: 1. Evkönyv 1908; 2. A. Kecskeméti, A zsido irodalom története.

Dr. M. Barol: Menachem ben Simon aus Posquières u. sein Kommentar zu Jer. u. Ez. (Diss.).

Dr. Berditschewski in Breslau: הספר.

I. Bernstein in Warschau: Jüd. Sprichwörter und Redensarten.

Rabb. Prof. Dr. A. Biach in Brüx: Trauerreden.

Prof. Dr. L. Blau in Budapest: Magyar Zsido Szemle 1907.

Central Conference of American Rabbis in Chicago: Year Book, Vol. XVII.

Centralverein deutsch. Staatsbürger jüd. Glaubens: 1. Eschelbacher, J., Das Judentum im Urteile der modernen protestantischen Theologie; 2. Im Deutschen Reich 1907.

Rabb. Dr. E. Cohn in Kiel: Die Geschichte meiner Suspension.

J. Cohn: 1. המצפה IV; 2. Der Sabbath VII.

Congregation Adath Israel in Louisville: History of Congregation Adath Israel.

Deutsch-Israelit. Gemeindebund: 1. Handbuch der jüd. Gemeindeverwaltung 1907; 2. Mitteilungen Nr. 68.

Rabb. Dr. A. Eckstein in Bamberg: 1. Geschichte der Juden im Markgrafentum Bayreuth; 2. Zur Erinnerung an Dr. B. Ziemlich.

Rabb. Dr. J. Eschelbacher: 1. Das Judentum und das Wesen des Christentums, 2. Aufl.; 2. Das Judentum im Urteile der modernen protestantischen Theologie.

Isr. Fine in Baltimore: עניית בן יחיה.

Rabb. P. Finfer in Wilna: מסורת התורה והנביאים.

Dr. H. Fuchs, Rabb. in Chemnitz Pesiq, ein Glossenzeichen (Diss.).

Gesellschaft für jüdische Volkskunde zu Hamburg: Mitteilungen zur jüd. Volkskunde, 23. u. 24. Heft.

Prof. Dr. L. Ginzberg in New York: The jewish primary school.

Rabb. Dr. F. Goldmann in Oppeln: Der Ölbau in Palästina zur Zeit der Mišnah (Diss.).

Handelshochschule: Vorlesungen und Übungen 1907/8.

Rabb. Dr. M. Hildesheimer: 38. Bericht der Religionsschule der Adass Jisroel zu Berlin.

Hilfsverein der Deutschen Juden: V. Geschäftsbericht. (2 Ex.)

Hilfsverein für jüd. Studierende: Berichte über 1906 u. 1907.

Israelit.-theol. Lehranstalt in Wien: XIV. Jahresbericht nebst der wissenschaftl. Beilage von D. H. Müller.

Oberrabb. G. Jare in Ferrara: Moisè Vita Luzzatto.

Jüdische Gemeinde in Berlin: Bericht über die Lehranstalten, I u. II.

Rabb. Dr. E. Kalischer in Bonn: Aphorismen.

Dr. Gustav Karpeles: Eine Anzahl Bücher und Broschüren neuester Erscheinungen auf dem Gebiete der jüdischen Geschichte und Literatur.

Rabb. Dr. B. Kellermann: Der wissenschaftl. Idealismus und die Religion.

Dr. B. Kirschner: Alphabetische Akrosticha in der syr. Kirchenpoesie (Diss.).

Landes-Rabbinerschule in Budapest: 30. Jahresbericht nebst der wissenschaftl. Beilage von W. Bacher.

Prediger Dr. M. Levin: 1. Lehrbuch der bibl. Gesch. u. Lit., 4. Aufl.; 2. Lehrbuch der jüd. Gesch. u. Lit., 4. Aufl.

Oberrabb. Dr. Imm. Löw in Szegedin: 1. Der Reis; 2. Zwei biblische Pflanzennamen.

A. Loewe in Pyritz: 1. חומש übers. v. Bamberger; 2. ס׳ תהלים ed. G. Franckius; 3. מחזור ed. Sulzbach; 4. סליחות.

Rabb. Dr. J. Loevy in Graudenz: 1. 5. Jahresbericht über den jüd. Religionsunterricht zu Graudenz; 2. לחי תר״סם.

Oberrabb. Dr. G. Löwy in Löcse: Worte der Trauer.

Dr. M. Lorge: Die Speisegesetze der Karäer (Diss.).

Cl. G. Montefiore in London: The Jewish Quarterly Review (Forts.).

Rudolf Mosse: Allgem. Zeitung des Judentums 1907.

Sanitätsrat Dr. S. Neumann: 1. S. Mandelkern, Vet. Test. Concordantiae; 2. Statuten u. Berichte des Vereins für Kultur u. Wissenschaft der Juden 1822, 1823 und des Kulturvereins 1841, 1842, 1843, 1844 und 1846; 3. Talmud babyl. ed. L. Goldschmidt, Bd. VIII, Lief. 1 und 2.

Rabb. Prof. Dr. D. Neumark in Cincinnati: 1. אוצר היהדות (Probeheft); 2. Gesch. der jüd. Religionsphilosophie des Mittelalters I. (2 Ex.)

Großherzogl. Oberrat der Israeliten in Baden: Verordnungsblatt vom 24. Juni 1907.

Dr. Sch. Ochser: Sidra di Nischmata.

I. öffentliche Lesehalle: 12. Jahresbericht.

Rabb. Dr. F. Perles in Königsberg i. Pr.: Judentum und Bibelwissenschaft.

Dr. E. Pessen: Die Schlußperiode des Rigomerromanes (Diss.).

Rabb. Dr. S. Poznanski in Warschau: 1. חיי הכלבי; 2. שני ספרים חדשים.
Rabbiner-Seminar zu Berlin: Jahresbericht für 1905/06 nebst der wissenschaftlichen Beilage von Prof. Dr. J. Barth.
Rabb. Dr. Art. Rosenzweig: Das Wohnhaus in der Mišnah (Diss.).
Geh. Oberregierungsrat Prof. Dr. Sachau: Drei aramäische Papyrusurkunden.
Bezirksrabbiner Dr. A. Salvendi in Dürkheim: 1. אמרי צבי; 2. ס' כח אהרן; 3. יווה נדרים ס'; 4. לוח ארץ ישראל X. u. XII. Jahrg.; 5. ענה בסל.
Dr. G. Salzberger: Die Salomonsage in der sem. Literatur, I (Diss.).
Rabb. Dr. S. Samuel in Essen: Festschrift zum 25 jähr. Bestehen der Chewra Kadischa in Essen.
Albert Silbermann: Aus dem Nachlasse seines verewigten Sohnes, des Hörers Dr. Martin Silbermann: 1. עין תפלה Ms.; 2. תלמוד בבלי ed. Wilna, 12 Bde.; 3. Socin-Brockelmann, Arab. Grammatik.
Prof. D. Simonsen in Kopenhagen: Jødisk Udstilling, Jan. 1908.
Société des Études Juives in Paris: Revue des Études Juives (Forts.).
Stadtbibliothek in Frankfurt a. M.: 1. 23. Bericht über die Verwaltung der Stadtbibliothek; 2. Zugangsverzeichnisse.
Rabb. Dr. M. Steckelmacher in Mannheim: Widerlegung des Sendschreibens des Dr. D. Hoffmann. (6 Ex.)

Prof. Dr. Tachau in Wolfenbüttel: Bericht der Samsonschule zu Wolfenbüttel. 1907.
Rabb. Dr. J. Taglicht in Wien: Die angeblichen Wurzeln des Judenhasses.
Universität Göttingen: J. Wackernagel, Hellenistica.
Universität Heidelberg: Jellineck, G., Der Kampf des alten mit dem neuen Recht.
Universität zu Prag: Ordnung der Vorlesungen für 1907/08.
Verein zur Abwehr des Antisemitismus: Mitteilungen 1907.
Rabb. Dr. H. Vogelstein in Königsberg: 40. Bericht über den Religionsunterricht der Synagogengemeinde Königsberg i. Pr.
Prof. Dr. K. Vollers in Jena: 1. Theodor Noeldeke; 2. Die Weltreligionen in ihrem geschichtl. Zusammenhange.
Max Weiß: 1. Beermann u. Doctor, Raschis Leben u. Wirken; 2. Jahrbuch f. jüd. Gesch. u. Lit. 1907; 3. Monatsschr. f. Gesch. u. Wissenschaft d. Judentums 1907; 4. Art. Rosenzweig, Das Wohnhaus in der Mišnah.
Dozent Dr. J. Wohlgemuth: Die Vorträge von P. Erich Waßmann.
Dozent Dr. A. S. Yahuda: Cohen, S., ס' כרם שלמה.
Zunz-Stiftung: 1. Landsberg, L., חקרי לב ס' I, II.; 2. סתרי ויסמא ed. Königsberger Hft. II; 3. Tänzer, A., Geschichte der Juden in Tirol u. Vorarlberg.

II. Verzeichnis der gekauften Bücher.

Abbott, G. F., Israel in Europe.
Der Alte Orient IX.
Archiv für Religionswissenschaft X.

Benzinger, J., Die Bücher der Könige.
Benzinger, J. Hebr. Archäologie, 2. Aufl.

Benecke, H., Wilhelm Vatke in seinem Leben u. seinen Schriften.
Berger, Ph., Histoire de l'écriture dans l'antiquité.
Berliner Akad.Wochenschrift 1906/07.
Bernays, J., Gesammelte Abhandlungen.
Bertholet, A., Religionsgeschichtl. Lesebuch.
Biblia Hebraica ed. D. Ginsburg.
Bischoff, E., Babylonisch-Astrales im Weltbilde des Talmud u. Midrasch.
Brockelmann, C., Grundriß der vergleichenden Grammatik der semit. Sprachen. I, 2—4.
Bousset, W., Hauptprobleme der Gnosis.
Chwolson, D., Das letzte Passamahl Christi. 2. Abdr. 1908.
Curtiß, S., Ursemitische Religion im Volksleben des heutigen Orients.
Dietz, A., Stammbuch der Frankfurter Juden.
Duran, Simon u. Ob. Sforno: ס׳ אדהב בישפט וס׳ בשפט צדק. Ven. 1589/90.
Eucken, R., Hauptprobleme der Religionsphilosophie der Gegenwart.
Glaser, E., Altjemenische Nachrichten I.
Gesenius-Kautzsch, Hebr. Grammatik, 27. Aufl.
Hehn, J., Siebenzahl und Sabbath.
Helbing, R., Grammatik der Septuaginta.
Holzer, J., Zur Geschichte der Dogmenlehre (6 Ex.).
Isak b. Abba-Mari, העימור ס׳. Ven.1608.
Jastrow, M., Die Religion Babyloniens und Assyriens. Lfg. 10 und 11.
Jawitz, W., תולדות ישראל ס׳. Bd. VI.
Jehn, D., לב הבית.
Jeremias, A., Die Panbabylonisten.
Jüdische Presse 1907.
Kautzsch, E., Übungsbuch zu Gesenius-Kautzsch' hebr. Grammatik.

Kimchi, Isr., עבודת ישראל ס׳.
Kittel, R., Studien zur hebr. Archäologie.
Kittel, R., Die Bücher der Könige.
Kröll, M., Die Beziehungen des klass. Altertums zu den heil. Schriften des A. und N. T.
Knudtzon, J. A., Die El-Amarna-Tafeln. I.
Kuhn, E., Übersicht der Schriften Th. Nöldekes.
Landberg, Études sur les dialectes de l'arabie méridionale, Vol. I.
N. R. Lazarus u. A. Leicht, Moritz Lazarus' Lebenserinnerungen.
Lewner, J. B., כל אגדות ישראל.
Lidzbarski, M., Altsemitische Texte I.
v. Lipperheide, F., Spruchwörterbuch.
Lippert, Kulturgeschichte, hebr. v. J. Frischmann, תולדות השלמת האדם I—III.
ס׳ בסעית של רבינם ed. M. N. Adler. Dasselbe ed. L. Grünhut I (3 Ex.).
Maybaum, S., Predigten III (3 Ex.).
Meyer, Ed., Geschichte des Altertums I, 1, 2. Aufl.
Möller, H., Semitisch und Indogermanisch.
Mommert, C., Der Teich Bethesda zu Jerusalem.
Mommert, C., Topographie des alten Jerusalem IV.
Moritz, K. P., Salomon Maimons Lebensgeschichte.
Musil, A., Arabia Petraea I u. II.
Oettli, S., Ideal und Leben.
Orientalische Bibliographie XX.
Peisker, M., Die Beziehungen der Nichtisraeliten zu Jahwe nach Anschauung der altisraelitischen Quellen.
Pihan, A. P., Exposé de signes de numeration usités chez le peuples orientaux.
Rabnicki, J. H., שירת ישראל.

Rahlfs, A., Septuaginta - Studien. 2. Hft.
Recanati, Men., חדש על התורה, Ven. 1523.
Resch, A., Agrapha.
Ritschel, G., Lehrbuch der Liturgik II, 1—4.
Rosanes, S. A., דברי ימי ישראל בתוגרמה.
Sayce u. Cowley, Aramaic Papyri.
Schönfeld, D., Die Halbinsel des Sinai.
Schmidkunz, H., Einleitung in die akademische Pädagogik.
Schürer, E., Geschichte des jüd. Volkes II. Bd., 4. Aufl., 1907.
Sellin, E., Die alttestamentl. Religion.
Sforno, Ob., באור על ספר תהלים, Ven. 1589/90.
Sievers u. Guthe, Amos metrisch bearbeitet.
Smend, R., Index zur Weisheit Jesus Sirach.
Socin u. Stumme, Divan aus Zentralarabien.
Staerk, W., Die jüd.-aram. Papyri von Assuan.
Stucken, E., Astralmythen der Hebräer, Babylonier u. Egypter.

Süßmann, A., Die Judenschuldentilgung unter König Wenzel.
הלמוד דרשלמי, ed. A. M. Luncz I.
Tawiew, J. Ch., עדן הילדים
תקנות הקהלה דק״ק אשכנזים אשר באמשטרדם, 1736.
Thomson, W. M., The land and the book. I—II.
Thureau-Dangin, Die sumerischen u. akkadischen Königsinschriften.
Trietsch, D. Palästina-Handbuch I.
Vatke, W., Religionsphilosophie.
Wendland, P., Die hellenistisch römische Kultur in ihren Beziehungen zu Judentum und Christentum.
Wünsche, A., Aus Israels Lehrhallen II, 1.
Zeitschrift der Deutschen Morgenländischen Gesellschaft, LXI.
Zeitschrift des Deutschen Palästina-Vereins, XXIX.
Zeitschrift für die alttestamentliche Wissenschaft, XXVII.
Zeitschrift für Hebr. Bibliographie, XI.

Anlage C.

Rechnungsabschluss für das Jahr 1907.

	M	Pf		M	Pf
Kassenbestand am 1. Januar 1907	12 197	60			
Konto pro Diverse . .	5 412	50			
Einnahmen.			**Ausgaben.**		
Jährliche Beiträge . . .	15 437	—	Lokalmiete usw.	2 172	—
Einmalige Beiträge . .	1 330	—	Honorare an die Dozenten	13 790	—
Zinsen	17 326	40			
Geschenke	16 000	—	Honorar für den Louis-Simon-Lehrstuhl . . .	5 625	—
Coupons aus der Kirschstein-Stiftung	120	—	Allgemeine Verwaltungskosten	5 738	25
Coupons aus der Lazarus-Stiftung . . .	282	30	Bibliothek	2 407	20
Coupons aus der Apolant-Stiftung . . .	296	20	Preis aus der Moritz-Meyer-Stiftung	50	—
Coupons aus dem Maybaum-Fonds . . .	150	—	Preis aus der Moses-Mendelssohn-Stiftung .	150	—
Coupons aus der Dr.-Silbermann-Stiftung .	40	—	Preis aus der Dr.-Frankl-Stiftung	100	—
Erlös aus verkauften Effekten	9 128	95	Subvention aus der Philippson-Stiftung. .	400	—
Geschenk für den Louis-Simon-Lehrstuhl . . .	2 000	—	Hypothekenzinsen an den Magistrat	2 000	—
Spenden für den Baufonds	45 170	—	Aufwendungen für den Neubau	82 551	—
			Konto pro Diverse . .	5 462	50
			Kassenbestand am 31. Dezember 1907 . .	4 445	—
	124 890	95		124 890	95

Bilanz

Aktiva	M	Pf	Passiva	M	Pf
Kassenbestand	4 445	—	Eiserner Fonds	236 290	20
Hypothek Lindenstraße 60/61	120 000	—	Nathan Bernstein-Stiftg.	100 000	—
1500 M 3½% Preuß. Konsols	1 500	—	Baufonds	99 412	50
15 000 M dito	15 340	30	Hypothek Artilleriestr.	50 000	—
3000 M 3½% Preuß. Central-Boden-Credit-Pfandbriefe	3 325	80	Dispositionsfonds	37 866	55
17 500 M 3% Preuß. Konsols	15 948	60	Louis Simonsche Lehrstuhl-Stiftung	105 977	45
4000 M 3% Deutsche Reichsanleihe	3 966	55	Isidor Gebert-Stiftung	1 500	—
51 000 M 3½% Ostpr. Pfandbriefe	50 665	20	Joseph Lachmann-Stiftg.	5 000	—
4000 M 4% Hamburg. Staatsanleihe	3 972	70	Moses Mendelssohn-Stiftung	2 887	20
10 000 M 4% Königsberger Stadtanleihe	10 133	05	Moritz Meyer-Stiftung	1 444	80
10 000 M 4% Charlottenburger Stadtanleihe	10 408	30	Dr. Frankl-Stiftung	1 426	15
10 000 M 4% Aachener Stadtanleihe	10 329	50	Dr. Moritz Kirchstein-Stiftung	4 593	50
24 200 M 3½% Ostpr. Pfandbriefe	24 200	—	Ludwig Philippson-Stiftung	20 360	35
10 000 M dito	9 918	—	Moritz Lazarus-Stiftung	25 105	50
76 000 M 3½% Deutsche Reichsanleihe	77 521	60	Samuel und Eugen Apolant-Stiftung	16 022	95
82 000 M 3½% Frankfurter Stadtanleihe	82 623	40	S. Maybaum-Fonds	5 150	—
14 900 M 3¾% Preuß. Pfandbr.-Bank	14 974	35	Dr. Martin Silbermann-Stiftung	2 040	—
5000 M 3% Preuß. Konsols	5 000	—			
2000 M 4% Neue Berl. Pfandbriefe	2 000	—			
Konto pro Diverse	5 462	50			
Haus-Konto	243 342	30			
	715 077	15		715 077	15

Anlage D.

Stipendienkasse.

	M	Pf		M	Pf
Kassenbestand am 1. Januar 1907	2790	—			
Einnahmen.			**Ausgaben.**		
Jährliche Beiträge ...	1270	—	Bezahlte Stipendien ..	4385	—
Einmalige Beiträge ..	802	—	2000 M 4% Hamburger Hypotheken-Pfandbr..	2023	50
Zinsen	681	35	Kassenbestand.....	2183	—
Montagsvorlesungen..	1668	15			
Rückzahlungen von Stipendiaten	1380	—			
	8591	50		8591	50

Ferner: 75 M 3$\frac{1}{3}$% Pommersche Pfandbriefe.
　　　2800 „ 4% Westfälische Provinzial-Anleihe.
　　　3000 „ 4% Hamburger Staats-Anleihe.
　　　3000 „ 4% Königsberger Stadt-Anleihe.
　　　2000 „ 3$\frac{1}{2}$% Preußische Central-Boden-Credit-Pfandbriefe.
　　　200 „ 4% Pforzheimer Stadt-Anleihe.
　　　2000 „ 3$\frac{1}{2}$% Frankfurter Stadt-Anleihe.
　　　2000 „ 4% Hamburger Hypotheken-Pfandbriefe.

Anlage E.

Zusammenstellung
der für den Baufonds bis 31. Dezember 1907 eingegangenen Spenden.

1. Von dem verewigten Herrn Rittergutsbesitzer Nathan Bernstein	100000 M
2. Von Herrn Geheimen Kommerzienrat Sigmund Aschrott	10000 „
3. Von Frau Jenny Born geb. Lachmann	5000 „
4. Von Herrn Siegfried Brünn	5000 „
5. Von Herrn Kommerzienrat Heinrich Eisner	5000 „
6. Von Herrn Hans Friedländer und seiner Gattin Anna geb. Neumann anläßlich der Feier ihrer Silberhochzeit	5000 „
7. Von den Erben des verewigten Herrn Kommerzienrat Hermann N. Israel	5000 „
8. Von Herrn Geheimen Kommerzienrat Wilhelm Ledermann	5000 „
9. Von Herrn Emil Mosse	5000 „
10. Von Herrn Rudolf Mosse	5000 „
11. Von Herrn Theodor Mosse	5000 „
12. Von Herrn Justizrat Dr. Arnold Seligsohn	5000 „
13. Von Herrn Justizrat Dr. Herman Veit Simon und seiner Gattin Hedwig geb. Stettiner anläßlich der Feier ihrer Silberhochzeit	5000 „
14. Von Herrn Generalkonsul Franz Philippson, Brüssel	4000 „
15. Von Herrn Justizrat Dr. Edmund Lachmann	3000 „
16. Von den Erben des verewigten Ehepaares Hermann Landshoff und Frau Henriette geb. Friedländer	3000 „
17. Von Herrn Max Weiss	3000 „
18. Von Herrn Charles L. Hallgarten, Frankf. a.M.	2000 „
	180000 M

	Vortrag . . .	180000 M
19.	Von Herrn Carl Leopold Netter	2000 „
20.	Von Herrn Oscar Wassermann	2000 „
21.	Von Herrn Berthold Israel	1000 „
22.	Von Herrn Ad. Jarislowsky	1000 „
23.	Von Herrn Direktor Dr. Georg Minden. . . .	1000 „
24.	Von Herrn Simon Schönlank	1000 „
25.	Von Herrn Dr. Karl Sulzbach, Frankfurt a. M.	1000 „
26.	Von Herrn Gustav Wolff	1000 „
27.	Von den Erben des verewigten Herrn Julius Bleichröder	600 „
28.	Von Frau Caroline Marcus geb. Fischl . .	600 „
29.	Von Herrn Theodor Pincus	600 „
30.	Von Herrn Dr. Max Ginsberg	500 „
31.	Von Herrn Rentier Max Meyer	500 „
32.	Von Herrn Henry Seligmann, Frankfurt a. M. .	500 „
33.	Von Herrn Kommerzienrat Gerson Simon . .	500 „
34.	Von Herrn Oscar Tietz	500 „
35.	Von Herrn Ludwig Ginsberg	300 „
36.	Von Herrn Geheimen Kommerzienrat Wilhelm Kopetzky	300 „
37.	Von Herrn Wilhelm Meyerhof zum Andenken an seinen verewigten Sohn Richard	300 „
38.	Von Frau Julie Neumann geb. Rathenau . .	300 „
39.	Von Ungenannt anläßlich der Feier seines 50. Geburtstages durch Herrn Max Weiss . . .	300 „
40.	Von Frau Dr. M. Daus zum Andenken an ihren verewigten Gatten Dr. M. Daus	100 „
41.	Von Herrn Julius Landau anläßlich der Feier seiner Silberhochzeit.	100 „
42.	Von Herrn Martin Lebrecht, München . . .	100 „
43.	Von Herrn Konsul Joseph Litten	100 „
44.	Von Herrn Selmar Löwenstein	100 „
45.	Von Herrn Stadtverordneten Louis Sachs. . .	100 „
46.	Von Herrn Moritz Wolfsohn.	100 „
	Sa.	196500 M

Anlage F.

Verzeichnis der Wohltäter
der Lehranstalt für die Wissenschaft des Judentums.
(§ 9 des Statuts.)

I. Immerwährende Ehrenmitglieder.

Rabb. Prof. Dr. S. Maybaum.
Frau Stadtrat Nanny Meyer.
Sanitätsrat Dr. S. Neumann.
Frau Fanny Oppenheimer, Leipzig.*

Rittergutsbes. Nathan Bernstein.
Geh. Rat Prof. Dr. Moritz Lazarus.
Frau Prof. Sarah Lazarus.
Frau Bertha Oppenheimer, Leipz.
Frau Geh. Kommerzienrat Ida Simon, geb. Lehweß.

II. Stifter.

Frau Justizrat Anna Apolant.
Geh. Kommerzienrat Eduard Arnhold.
Geh. Kommerzienrat Sigm. Aschrott.
Jüdische Gemeinde, Berlin.*
Frau Jenny Born.
Siegfried Brünn.*
Eduard Cohen, Frankfurt a. M.
Baronin-v.-Cohn-Oppenheim-Stiftung der Isr. Kultusgemeinde zu Dessau.
Kommerzienrat Heinrich Eisner.
Gebr. Eltzbacher, Cöln.
Hans Friedländer und Frau Anna Friedländer geb. Neumann.
Geh. Kommerzienrat Ludwig Max Goldberger.
Justizrat Dr. Edmund Lachmann.
Geh. Kommerzienrat Wilhelm Ledermann.
Frau Johanna Levy geb. Salomon.*
Rabb. Prof. Dr. S. Maybaum.
Frau Stadtrat Nanny Meyer.*
Dr. Paul Meyer.
Emil Mosse.
Rudolf Mosse.
Theodor Mosse.
Sanitätsrat Dr. S. Neumann.
Generalkons. Fr. Philippson in Brüssel.

Justizrat Dr. Arnold Seligsohn.
Justizrat Dr. Herman Veit Simon.
Oscar Wassermann.
Max Weiß.

Rittergutsbesitzer Nathan Bernstein.
Gerson von Bleichröder.
Stadtrat Burchardt.
Dr. Bernhard Ginsberg.
B. H. Goldschmidt, Frankfurt a. M.
Moritz B. Goldschmidt, Frankf. a. M.
David Herzog.
Kommerzienrat Hermann N. Israel.
Dr. Moritz Kirschstein.
Joseph Lachmann.
Ehepaar Hermann und Henriette Landshoff.
Stadtrat Moritz Meyer.
John B. Oppenheimer in Leipzig.
Dr. Ludwig Philippson, Bonn.
Albert Salomon.
Geh. Kommerzienrat Louis Simon.
Frau Geh. Kommerzienrat Ida Simon, geb. Lehweß.
Rentier Louis Simon.
Kommerzienrat Caesar Wollheim.

— 36 —

III. Immerwährende Mitglieder.

Julius Alexander.
Frau Geh. Kommerzienrat Henriette Becker.
Jüdische Gemeinde, Braunschweig.
Frau Geheimrat Meyer Cohn.
Direktor Nathan Dorn.
Israelit. Gemeinde, Frankfurt a. M.
Stadtrat Friedländer, Frankfurt a. M.
Charles L. Hallgarten, Frankfurt a. M.
Bankier Adolph Jarislowsky.
Berthold Israel.
Israel. Tempelverband, Hamburg.
Kommerzienrat Emanuel Alexander-Katz, Görlitz.
Synagogen-Gemeinde, Königsb. i. Pr.
Kommerzienrat Jakob Landsberger.
Frau Kommerzienrat Ida Landsberger, geb. Neufeld.
Prof. Dr. Felix Liebermann.
Frau Caroline Marcus, geb. Fischl.
Direktor Dr. Georg Minden.
Carl Leopold Netter.
Theodor Pincus.
Bürgermeister a. D. Dr. J. Rosenthal.
Julius Rotholz.
Rentier Simon Schönlank.
Dr. Carl Sulzbach, Frankfurt a. M.
Arnold Weiß.
Gustav Wolff.

Siegfried Beschütz.
Julius Bleichröder.
Senator J. R. Bischofsheim, Brüssel.
Geh. Kommerzienrat Meyer Cohn.
Bernhard C. Croner.
H. Demuth.
Kommerzienrat Theodor Jacob Flatau.
Hermann Friedländer, Hamburg.
Isidor Gebert.
Adolf Ginsberg.
Abraham Goldschmidt.
Herm. B. H. Goldschmidt, Brüssel.
Benedict Moritz Goldschmidt, Frankfurt a. M.

M. Moritz Goldschmidt, Frkf. a. M.
Oscar Hahn.
Ernst Jacoby.
Kommerzienrat Jacob Israel.
Isaac Koenigswarter, Frkf. a. M.
Heinrich Kraft.
Geh. Kommerzienrat Salomon Lachmann.
Direktor Joseph Lehmann.
Frau Sarah Lehrs.
Albert Lessing.
Moritz Levy.
Geh. Komm.-Rat B. Liebermann.
Louis Liebermann.
Frau Philippine Liebermann, geb. Haller.
Ad. v. Liebermann-Wahlendorf.
Dr. Moritz Loevinsohn.
Geh. Komm.-Rat V. Mannheimer.
Martin J. Meyer.
Geh. Komm.-Rat Joel Wolf Meyer.
Stud. jur. Adolf Salomon Meyer.
Albert Philipp Meyer.
Frau Zerline Meyer.
Jacob Nachod, Leipzig.
J. Neumann.
Julius Oppenheim.
N. Oppenheim.
Louis Perl.
Jacob Plaut, Leipzig.
Eugen Riess.
Louis Riess.
E. Rotschild, Stadtoldendorf.
Adolf Abr. Russ.
Siegmund Saller.
Generalkonsul William Schönlank.
Komm.-Rat Carl Berthold Simon.
Kommerzienrat Isaak Simon.
Geh. Kommerzienrat Mor. Simon, Königsberg i. Pr.
Theodor Stern, Frankfurt a. M.
Siegmund Sulzbach, Frankf. a. M.
Ritter Joseph v. Wertheim, Wien.
Stadtrat Alexander Wolff.

IV. Beitragende Mitglieder.

Emil Abel*, s. A.
Dr. med. Karl Abel.
Ludwig Abraham.
Siegfried Abrahamsohn.
Privatdozent Dr. Paul Alexander-Katz.
Carl Arnheim, s. A.
Rentier Hermann Aron.
Georg Aron.
J. Aron.
Max Aron.
Dr. Paul Arons.
Geh. Komm.-Rat Aronson, Bromberg.
Fabrikbesitzer Heinrich Ascher.
Komm.-Rat Hermann Auerbach.

Leopold Badt.
Rabb. Dr. Leo Bäck, Düsseldorf.
Louis M. Bamberger.
Rentier Max Beer.
Rentier Bernhard Behrens.
Isidor Bender.
Isidor Bendit.
Direktor Franz Bendix.
Fabrikbesitzer Waldemar Bendix.
Rentier A. Berent.
Philipp Berg.
J. Berger.
William Bergmann, Lissa i. P.
Jüdische Gemeinde Berlin.
Adolf Bernhard.
Heinrich Bernhard.
Theodor Bernheim.
Synagogengemeinde Beuthen O.-S.
Synagogengemeinde Bielefeld.
S. Bielski.
Ludwig Bing.
Professor Dr. S. Blaschke.
Julius Bleichröder, s. A.
Moritz Bleistein.
Lippmann Bloch, Breslau.
Bankier Alphonse van Bloeme.
Rabbiner Dr. L. Blumenthal.
Geh. Sanitätsrat Dr. J. Boas.
Fabrikbesitzer Heinrich Bock.

Landschaftsmaler Jul. Bodenstein.
Synagogengemeinde Bonn.
B. Borchardt.
Fabrikbesitzer Emil Borchardt.
Isidor Borchardt.
Komm.-Rat Siegmund Borchardt.
Bankier Hermann Brann.
Josef Brasch.
Benno Braun.
Jüdische Gemeinde Braunschweig.
Israelitische Gemeinde Bremen.
Synagogenrat Bruchsal.
Siegfried Brünn.
Komm.-Rat Heinrich Buchholz, s. A.
Fabrikant Ernst Burchardt.
Generalkonsul Martin Burchardt.
John Busch.

Ludwig Cahen.
Hugo Cahn.
Architekt Alfred Caspari.
Dr. jur. Fritz Caspari.
Bernhard Casparius.
Bildhauer Eugen Caspary.
Julius Cassirer.
Israelitische Religionsgemeinde, Chemnitz.
Bankier Carl Chrambach.
Dr. med. Heinrich Citron.
Eduard Cohen, Frankfurt a. M.
Geh. Rat Prof. Dr. Hermann Cohen, Marburg.
Baronin von Cohn-Oppenheim-Stiftung der Israelitischen Kultusgemeinde zu Dessau.
Kommerzienrat Carl Cohn.
Rechtsanwalt Dr. Ignaz Cohn.
Rentier Emil Cohn, Charlottenburg.
Oberamtmann Ludwig Cohn.
Max Cohn i. Fa. Carl Cohn.
Max Cohn i. Fa. Max Cohn & Co.
Sally Cohn.
Rentier Samuel Cohn.
Isidor Covo.
Moritz Crohn.
Martin Cunow.

— 38 —

Justizrat Leopold Dorn.
Israelitische Religionsgemeinde, Dresden.
Bernhard Drucker.
Synagogen-Gemeinde Duisburg.

Direktor Albert Ehrenberg.
J. Ehrlich, Breslau.
Kommerzienrat Heinrich Eisner.
Paul Eisner.

Philipp Fabisch.
Isidor Feibel.
Bankier Leopold Feig.
Falk Feilchenfeld, prakt. Arzt.
Buchdruckereibesitzer D. Feilchenfeld.
M. D. Feilchenfeld.
L. Flatauer.
S. Fleischer, Leipzig.
Rentier Louis Förster.
Rentier Emil Fränkel.
Dr. med. James Fränkel, Steglitz.
Josef Fränkel i. Fa. Gebr. Fränkel.
Maurermeister Max Fränkel.
Alfred Frank.
Georg Frank i. Fa. David & Co.
Israelitische Gemeinde Frankfurt a. Main.
Geh. Kommerzienrat H. Frenkel.
Bankier Isidor Freymark.
Albert Freudenberg.
Hermann Freudenberg.
Dr. Julius Freudenberg.
Kommerzienrat Philipp Freudenberg.
Max Freudenheim.
Handelsrichter Martin Friedberg.
Hans Friedländer.
Isaac Friedländer.
Geh. Kommerzienrat Jul. Martin Friedländer, s. A.
Frau Dr. Jenny Friedländer.
Kommerzienrat Leopold Friedmann.
Fabrikdirektor Adolf Fuchs.
Justizrat Dr. Eugen Fuchs.
Bankdirektor Carl Fürstenberg.
Egon S. Fürstenberg.

Rabbiner Dr. Julius Galliner, Charlottenburg.
Eduard Gaudchau.
Prof. Dr. Ludwig Geiger.
Georg W. Gerson.
Israelitische Religionsgemeinde Gießen.
Frau Rentiere Franziska Ginsberg.
Dr. I. Ginsberg.
Fabrikbesitzer Ludwig Ginsberg.
Dr. Max Ginsberg.
Felix Glaserfeld.
Synagogen-Gemeinde Glogau.
Synagogen-Gemeinde Gnesen.
Geh. Kommerzienrat Ludwig Max Goldberger.
Bankier Dr. Goldschmidt, Gotha.
Julius Goldschmidt.
Paul I. Goldschmidt.
Gotha-Loge U. O. B. B., Gotha.
Carl Gotthelf.
Prof. Dr. Heinrich Grabower.
Handelsrichter Julius Grabowsky.
Louis Groß.
Louis Grumach.
Bankdirektor Felix Gutmann.
Augenarzt Prof. Dr. G. Gutmann.
Adolf Guttsmann.
Justizrat Dr. Max Guttsmann.

Hermann Haake.
Alexander Hahn.
Direktor Sigmund Hahn, Aachen.
Israelitischer Tempelverband Hamburg.
Justizrat Karl Hamburger.
Bankdirektor Paul Hartog.
Handelsrichter Hermann Hausen.
Synagogenrat Heidelberg.
Fabrikant W. Heilbrunn.
Handelsrichter Hugo Heilmann.
Direktor Gustav Hermann.
Gust. Sal. Hermanns.
David Herz i. Fa. D. Herz.
Hermann Herz.
Kommerzienrat Paul Herz.
Geh. Kommerzienrat Wilhelm Herz.

Frau Anna Herzberg.
Emil Heymann.
Hugo Heymann.
Joseph Heymann.
Leopold Heymann.
Bankier Wilhelm Heymann.
Rechtsanwalt Dr. Alexander Hirsch, Heidelberg.
Fabrikbesitzer Aron Hirsch.
I. S. Hirsch.
Handelsrichter Robert Hirsch.
Dr. med. Heinrich Hirschberg.
Jacob Hirschberg.
Fritz Hoffmann i. Fa. Herrmann Hoffmann.
Herrmann Hoffmann, Hoflieferant, s. A.
Sanitätsrat Dr. Benno Holz.
Hermann Holz, Schbg.
Julius Hopp.
Justizrat Dr. Maximilian Horwitz.

Geh. Kommerzienrat Emil Jacob.
Ernst Jacobi i. Fa. M. Hiller Nchf.
Leopold Jacobi i. Fa. M. Hiller Nchf.
Heinrich Jacobowski.
Emil Jacoby.
Stadtrat Hermann Jacoby.
Mühlenbesitzer Hermann Jacoby, Potsdam.
Julius Jacoby i. Fa. Julius und Adolf Jacoby.
Moritz Jacoby i. Fa. Gebr. Hoffmann.
Bankier Max Jaffa.
Bankier Adolph Jarislowsky.
Geh. Sanitätsrat Dr. Moritz Jastrowitz.
Rechtsanwalt Franz Imberg.
Frau Louis Imberg, Charlottenburg.
Alexander Jonas.
S. Joseph, Schöneberg.
Georg Isaac.
Isidor Isaacsohn.
Rittergutsbesitzer Richard Israel.
Simon Israel.
Alex. Itzig, s. A.
Isidor Itzig.

S. Juda.
Felix Jüdell.

Professor Dr. S. Kalischer.
Bernhard Kaliski.
Rentier Marcus Kappel.
Justizrat Dr. Edwin Katz.
Gebrüder Katz.
Albert Katzenstein, Hoflieferant.
Rentier Adolf Kauffmann.
Dr. Felix Kauffmann, Frankfurt a. M.
Rabbiner Dr. B. Kellermann.
M. Kirschner, Charlottenburg.
Albert Kirschstein.
Berthold Kirstein.
Bankier Julius Klopstock.
Adolf Köhler.
Samuel Köhler.
Synagogengemeinde Königsberg i. P.
J. Koenigsberger.
M. Koplowitz.
M. Koppel.
Kraft & Lewin.
Georg Krakau.
Joseph Krause.
Moritz Kristeller.
Fabrikbesitzer Wilhelm Krojanker.
Dr. med. Alexander Krotoschin, Warza b. Gotha.
Salomon Kurzweg.

Adolph Lachmann.
Baumeister Louis Lachmann.
Prof. Dr. Edmund Landau.
Gen.-Konsul Eugen Landau.
Justizrat Dr. Felix Landau.
Bankier Julius Landau.
Geh. Med.-Rat Prof. Dr. Leop. Landau.
Carl Landsberg.
Herrmann Landsberger.
Louis Landsberger.
Dr. Ludwig Landshoff.
Prof. Dr. med. Adolf Lazarus.
Casper Lazarus.
Prof. Dr. med. J. Lazarus.
Charles Leon.
Max Leon.

Bankier Paul Ph. Lesser.
John Levi, Breslau.
Kommerzienrat Louis Levin.
Prediger Dr. M. Levin.
Adolf Levy i. Fa. Joelsohn & Brünn.
Alexander Levy, s. A.
Benas Levy.
Bankier Caspar Levy.
Rentier Joseph Levy.
Rentier Martin Levy.
Siegbert Levy i. Fa. Siegbert Levy & Co., G. m. b. H.
Dr. med. A. Lewandowski.
Bankier Moritz Lewenz.
Eduard Lehwess.
Rentier David Lewin, Charlottenburg.
Georg Lewin i. Fa. Kraft & Lewin.
Julius Lewin i. Fa. Lewin & Glück.
Rentier Wolff Lewin.
Adolf Lewinski i. Fa. Lewinski & Lewy.
Rechtsanwalt Ad. Lewinski.
Apotheker Dr. J. Lewinsohn.
Frau Anna Liebermann.
Synagogengemeinde Liegnitz.
Ignatz Lindenberg.
Jacob Lippmann, Aachen.
Dr. med. Max Litthauer.
Konsul Josef Litten.
Landgerichtsrat Eugen Loewe.
Gustav Loewenberg, s. A.
Alexander Loewenherz.
Jacob Loewenstamm.
Harry Loewenstein, s. A.
Selmar Loewenstein.
Willibald Loewenthal.
Max Löwy.
Kommerzienrat Emanuel Lohnstein.

Synagogengemeinde Magdeburg.
Prof. Dr. phil. Paul Magnus.
Bankier Julius Magnus.
Frau Emma Magnus-Alsleben.
Rechtsanw. Felix Makower.
Georg Mamlok.
Synagogengemeinde Mannheim.

Rentier Berthold Marckwald.
Bankier Alois Marcus.
Hofjuwelier Eugen Marcus.
Rentier Joseph Mayer, Charl.
Max Mecklenburg.
Rechnungsrat Ph. Mendelssohn.
Fabrikbesitzer Siegfried Meschelsohn.
August J. Meyer.
Dr. B. Meyer, Riga.
Frau Dr. Elsbeth Meyer, geb. Neumann, Riga.
Kommerzienrat Ernst Joach. Meyer.
Bankier Ernst Wolf Meyer.
Bankier Franz Meyer.
Bankier Georg Meyer.
Hermann Meyer.
Isidor Meyer i. Fa. Gebr. Meyer & Co.
Dr. Ludwig Meyer, Spezialarzt für Chirurgie.
Direktor Max Meyer.
Rentier Max Meyer.
Frau Stadtrat Nanny Meyer.
Paul Meyer i. Fa. F. & M. Meyer, Aachen.
Justizrat Siegmund Meyer, s. A.
Willy Meyer i. Fa. F. & M. Meyer, Aachen.
Bernh. Meyersfeld, Braunschweig.
Fabrikbesitzer Louis Michaelis.
Gustav Michalski.
Direktor Dr. Georg Minden.
Moritz Monasch.
Kommerzienrat Adolf Moser.
Bankier Gustav Mosler.
Geheimer Justizrat Prof. Dr. Albert Mosse.
Emil Mosse.
Fabrikbesitzer Paul Mosse.
Rudolf Mosse.
Fabrikant Albert Müller.

Fritz Nachod, Leipzig.
J. Nadelmann.
Frau Julius Nelke.
Fabrikbesitzer C. L. Netter.

Eugen Neufeld.
Kommerzienrat Ferdinand Neumann.
Frau Julie Neumann, geb. Rathenau.
Louis Nickelsburg.
Stadtrat J. Nürnberg.
Israelitische Kultusgemeinde Nürnberg.

Israelitische Religionsgemeinde Offenbach a. M.
Dr. Albert Oliven.
Rentier Jacob Oliven, s. A.
Rentier Julius Oliven.
Nathan Ollendorff.
Consul Georg Oppenheim.
Rentier Louis Oppenheim.
Siegfried Oppenheim.
Prof. Dr. Gustav Oppert*, s. A.
Rentier Louis Orbach.
Dr. med. I. E. Ostrodzki.

Prof. Dr. med. J. L. Pagel.
Jacob Pasch.
Geh. Sanitätsrat Dr. E. Peltesohn.
Prof. Dr. Martin Philippson.
Nestor Philipsborn.
Lucien Picard, Frankfurt a. M.
S. Pincsohn.
Emil Pincus.
Kommerzienrat Siegmund Pincus.
Reinhold Pinner.
Julius Plachta.
Eduard Pollnow.
Pommerania-Loge U. O. B. B., Stargard i. Pomm.
Fabrikant Moritz Posener.
Synagogengemeinde Potsdam.
Max Priebatsch.
Eugen Proskauer.

Albert M. Rathenau.
Oscar Rathenau.
Direktor Siegfr. Reiche.
Harry Reichmann.
Joseph Reitzenbaum.
Louis Rosenbaum.
Fabrikant Moritz Rosenow.

Dr. med. A. Rosenstein.
Edgar Rosenthal.
Dr. med. O. Rosenthal.
Rabbiner Dr. Adolf Rosenzweig.
Prof. Dr. Heinrich Rosin.
Ludwig Russ.

Gustav Sachs.
Immanuel Sachs, s. A.
Bankdirektor Isidor Sachs.
Louis Eduard Sachs, s. A.
Louis Sachs.
Siegfried Sachs.
Rentier Louis Salinger.
Max Salinger.
Max Salinger i. Fa. Levy & Salinger.
Adolph Salomon.
Paul Salomon.
Bernhard Salz.
Leon Scheinhaus, Memel.
Karl Schiff.
Philipp Schiff, Frankfurt a. M.
Medizinalrat Dr. Schiller, Wehlau.
Carl Schlesinger i. Fa. Hermann Schlesinger.
Rechtsanwalt Dr. Ernst Schlesinger.
L. Schlesinger.
Generalkonsul Martin Schlesinger.
Paul Schlesinger.
Bankier Philipp Schlesinger.
Willy Schlesinger.
Paul Schlochauer.
Justizrat Dr. Victor Schneider.
Max Schönlank.
Moritz Schönlank.
Simon Schönlank.
Theodor Schück.
Abraham Schwab.
Joseph Schwarz.
Manuel Schwarz.
Max Seckel.
Justizrat Martin Seldis.
Sally Seliger.
Siegmund Seliger.
Justizrat Dr. Arnold Seligsohn.
Rechtsanwalt Martin Seligsohn.
Fabrikbesitzer S. Seligsohn.

Geh. Med.-Rat Prof. Dr. H. Senator.
Hermann Senft.
L. I. Sieskind, s. A.
Albert Silbermann.
Gerson Simon.
Referendar Heinrich Veit Simon.
Justizrat Dr. Herman Veit Simon.
James Simon.
Paul Simon.
Theodor Simon, s. A.
Bankier Udo Simon.
Speyer Ellissen, Frankfurt a. M.
Dr. med. Max Spandow.
Prof. Dr. Ludwig Stein, Bern.
Ludwig Stein.
Justizrat Dr. Fedor Stern.
Hermann Stern.
Max Stern.
Frau Mathilde Stettiner.
Rechtsanwalt Alfred Story.
Rechtsanwalt Dr. Hugo Straßmann.
Bankier M. A. Straus, Karlsruhe.
M. Swarsenski.

Synagogengemeinde Thorn.
Oscar Tietz.
Justizrat Berthold Timendorfer.
Synagogengemeinde Trier.

Unger & Grünthal.
Justizrat J. Unger.

Kurt Valentin.
Eugen Vallentin.

Siegfried Wachsner.
Alwin Wahrenberg.
Bankier Ernst Wallach.
Fritz Wallach.
Fabrikant Moritz Wallach, Aachen.
Rechtsanwalt Dr. Benno Walter.
Jos. Wasser i. F. J. H. Wasser.
Geh. Med.-Rat Prof. Dr. August Wassermann.
Max Wassermann.
Bankier Oscar Wassermann.
Baumeister Samuel Weile.
Fabrikbesitzer I. Weinberg.
Max Weiß.
Rabbiner Dr. S. Weisse.
Wilhelm Weisstein, s. A.
Wilhelm Wertheim.
Israelitische Kultusgemeinde Wiesbaden.
Felix Wiesenthal.
Dr. med. Alfred Witkowski.
Rentier Louis Wolff.
Martin Wolff.
Geh. Med.-Rat Prof. Dr. Max Wolff.
Simon Wolff.
Moritz Wolfsohn.*
Richard Wolfsohn.
Privatier Salo Wolfsohn.
Direktor D. Wolpe.

Arthur Zamory.
Moritz Zendig.
Alfred Zielenziger.
Joseph Zielenziger.
Isidor Zutrauen.

Jährliche Beiträge zur Stipendienkasse zahlen die mit einem * bezeichneten Wohltäter, sowie ferner

Moritz Manheimer.   Milde Stiftung der Familie Philipp Veit.

II.

Stenographischer Bericht

über die Feier der Einweihung

des eigenen Heims der Lehranstalt

Berlin N., Artilleriestr. 14

am 22. Oktober 1907.

Rednerverzeichnis:

	Seite
Justizrat Dr. Veit Simon.	45
Minister der geistlichen, Unterrichts- und Medizinal-Angelegenheiten Dr. Holle .	51
Justizrat Dr. Lachmann	52
Justizrat Dr. Fuchs	54
Rabbiner Dr. Rosenzweig	56
Rabbiner Dr. Maybaum	59

Justizrat **Dr. Herman Veit Simon**, Vorsitzender des Kuratoriums:

Euere Exzellenz! Hochansehnliche Versammlung!

Der heutige Tag ist ein Festtag für unsere Lehranstalt. Dank der Gnade des Allgütigen können wir diesen Bau seinem Zwecke übergeben — dem Zwecke, den seine Inschrift kennzeichnet: „Der Wissenschaft des Judentums". Kein Gotteshaus — aber ein Haus, das dem Dienste Gottes allezeit geweiht sein soll.

Ein Menschenalter ist verstrichen, seitdem klardenkende und warmherzige Glaubensgenossen unsere Lehranstalt ins Leben gerufen haben. In kleinen und kleinsten Anfängen errichtet, hat sie einen mühe- und dornenreichen Weg zurückgelegt. Nur langsam konnten die Gedanken, die zur Gründung der Lehranstalt führten, feste Wurzeln fassen; nur langsam konnten breitere Schichten zur Teilnahme herangezogen werden. Aber immerhin können wir heute mit Dank anerkennen, daß wir diesen Bau lediglich mit den uns von unseren Freunden zur Verfügung gestellten Mitteln errichten konnten, und mit Stolz kann es uns erfüllen, daß die Anhänglichkeit an unsere Religion hierdurch von neuem sich sichtbar betätigt hat.

Der heutige Tag erhält seine besondere Weihe für uns durch die Teilnahme, die unsere Feier gefunden hat. Wir begrüßen mit ehrerbietigem Dank in erster Reihe Seine Exzellenz den Herrn Minister der geistlichen, Unterrichts- und Medizinal-Angelegenheiten, der durch seine Anwesenheit nicht nur unsere Lehranstalt ehrt, sondern zugleich uns ein willkommenes Zeichen gibt, daß er der Pflege unserer religiösen Anstalten sein hohes Interesse und seine wohlwollende Fürsorge zu widmen gewillt ist.

Wir begrüßen die Vertreter unserer Aufsichtsbehörde, den Herrn Wirklichen Geheimen Oberregierungsrat Dr. Schmidt, Direktor im Kultusministerium, den Herrn Polizeipräsidenten von Borries und den Herrn Vizepräsidenten des Provinzialschulkollegiums Mager, sowie Herrn Provinzialschulrat Ullmann. Wir begrüßen den Herrn Vertreter der Stadt Berlin Stadtschulrat Michaelis, die Herren Ältesten und Vertreter der jüdischen Gemeinde Berlin, denen wir für ihre reiche Subvention nicht genug dankbar sein können, die Herren Ältesten der jüdischen Gemeinde Potsdam, den Vertreter des jüdisch-theologischen Seminars in Breslau unsern hochverehrten früheren Dozenten Herrn Professor Dr. Israel Lewy, die Herren Vertreter des Verbandes der deutschen Juden und des Zentralvereins deutscher Staatsbürger jüdischen Glaubens, der Großloge für Deutschland, der Alliance israélite universelle, des Deutsch-israelitischen Gemeindebundes und der Gesellschaft für Förderung der Wissenschaft des Judentums.

Der heutige Tag hat uns eine Reihe von freundlichen Glückwünschen gebracht. Die Glückwünsche sind von einer Anzahl von Instituten und von einer Anzahl hervorragender Personen an uns gelangt. Ich erwähne die Glückwünsche des Vorstandes der jüdischen Gemeinde Frankfurt a. M., des Philanthropins daselbst, der israelitischen Kultusgemeinden München und Augsburg, der Baronin-von-Cohn-Oppenheim-Stiftung in Dessau, des Rabbiner-Seminars in Berlin, der Israelitisch-theologischen Lehranstalt in Wien, der Landesrabbinerschule in Budapest, des Jews' College durch Oberrabbiner Adler in London, des Collegio rabbinico italiano durch den Präsidenten Prof. Finzi in Florenz.

Glückwünsche haben wir dann noch erhalten von einer großen Reihe namhafter Rabbiner sowie von anderen hervorragenden Männern wie Professor Delitzsch, Professor Nöldeke, Professor Vollers in Jena, einem früheren Hörer unserer Lehranstalt, Herrn Charles L. Hallgarten in Frankfurt a. M.

Zur besonderen Freude gereicht es mir, außer einem Glückwunsch der Universität auch den Glückwunsch zur öffentlichen Kenntnis zu bringen, den der Dekan der theologischen Fakultät der Königlichen Friedrich-Wilhelms-Universität Herr Wirklicher Geheimer Oberregierungsrat Professor Dr. Harnack, namens der Fakultät an uns gerichtet hat. Nachdem er sein Nichterscheinen entschuldigt, schreibt er:

„Im Namen der theologischen Fakultät spreche ich die besten Wünsche für das Gedeihen der Hochschule im neuen

Hause aus und ersuche Sie ganz ergebenst, wenn es tunlich ist, diese Wünsche zum Ausdruck zu bringen. Ich brauche nicht erst darauf hinzuweisen, wie wichtig für die christliche Theologie die Fortschritte sind, die in der Wissenschaft des Judentums gemacht werden."

Ich spreche an dieser Stelle ferner meinen Dank aus zunächst Herrn Baumeister Höniger, dem Erbauer dieses Gebäudes, der es verstanden hat, auf kleinem und architektonisch schwierigem Terrain das Gebäude zu errichten, das, wie wir hoffen, unserer Lehranstalt eine gute Stätte für ihre weitere Zukunft gewähren wird. Ich danke Herrn Dozenten Dr. J. Elbogen, der in einer Festschrift zum heutigen Tage die Entwicklung der Lehranstalt in großen Zügen lichtvoll und lebendig zur Darstellung gebracht hat. Ich spreche ferner meinen Dank aus dem früheren Hörer unserer Lehranstalt, Herrn Rabbiner Dr. Neumark, der uns zur Feier des heutigen Tages den ersten Band seines monumentalen Werkes über die Geschichte der jüdischen Philosophie im Mittelalter gewidmet hat, wie auch unserm Bibliothekar Herrn Dr. Barol für die Widmung seiner Abhandlung „Menachem ben Simon aus Posquières und sein Kommentar zu Jeremia und Ezechiel".

Wir begrüßen ferner die anwesenden Vertreter der christlichen und der jüdischen Gottesgelahrtheit und die Vertreter der übrigen Wissenschaften, so wie Sie alle, die Sie unserer Einladung gefolgt sind, und hoffen daß die Anstalt, der Sie durch ihre Anwesenheit Ihre Teilnahme bekunden, Sie auch fernerhin stetig zu ihren Freunden zählen wird.

Die Lehranstalt hat aus Anlaß des heutigen Tages drei Persönlichkeiten zu immerwährenden Ehrenmitgliedern ernannt, die sich besondere Verdienste um die Lehranstalt erworben haben, und hat mich beauftragt, diese Wahl zur öffentlichen Kenntnis zu bringen. Es sind dies:

Herr Sanitätsrat Dr. Neumann, der heute seinen 88. Geburtstag feiert, und der mir soeben mitgeteilt hat, daß er doch durch sein Alter sich verhindert sieht, heute hier zu erscheinen. Er ist Mitbegründer unserer Lehranstalt, Mitglied des Kuratoriums von Beginn an und langjähriger erster Vorsitzender;

Frau Stadtrat Nanny Meyer, die ihre mütterliche Fürsorge unserer Anstalt jederzeit bewährt hat, und ohne deren

Hilfe die Lehranstalt schwere Zeiten kaum hätte überwinden können;

Herr Professor Siegmund Maybaum, der Vorsitzende unseres Lehrerkollegiums, der nicht nur seine Fähigkeiten und sein Wissen seit langen Jahren in den Dienst unserer Lehranstalt gestellt, sondern auch diesen Bau wesentlich gefördert hat.

Als immerwährende Ehrenmitglieder wird die Lehranstalt ferner zwei Gönner führen, die im vergangenen Jahre zu unserer Trauer das Zeitliche gesegnet haben: Den Rittergutsbesitzer Nathan Bernstein, der den Grundstock für den Bau unseres Heims uns zur Verfügung stellte, und Frau Geheime Kommerzienrat Ida Simon, geb. Lehweß, die den Louis Simonschen Lehrstuhl errichtet hat und sich dadurch unvergängliche Verdienste um unsere Lehranstalt erwarb.

Hochansehnliche Festversammlung! An dem heutigen Tage, der für die Entwicklung unserer Lehranstalt nicht nur äußerlich wichtig, sondern auch innerlich bedeutsam ist, drängt sich die Frage auf unsere Lippen: Woher und Wohin?

Unsere Religion steht nicht auf dem Standpunkt, daß der blinde Glaube des Einfältigen der rechte Glaube sei. Sie verlangt, daß wir Gott „erkennen", und Hillel lehrte: Ein Unwissender kann nicht fromm sein. Das will sagen: Die wahre Frömmigkeit kann nur auf dem bewußten Streben nach Wahrheit beruhen. Auch für die Religion gilt uns der Satz Goethes: Was Du ererbt von Deinen Vätern hast, erwirb es, um es zu besitzen.

Das Korrelat dieser Auffassung ist der Satz alter Weisheit: Die Vernunft und der Glaube mit seinen Gesetzen sind zwei Flammen, deren jede für sich leuchtet, die dennoch einander begegnen, sich lieblich vereinen. Mag die Forschung verschiedene Richtungen einschlagen: Die Einheit des Geisteslebens muß immer wieder hervortreten, wie der menschliche Geist nur eine Einheit bildet. Unser Glauben ruht auf Vernunft, und unsere Vernunft lehrt uns glauben.

Daß bei solcher Anschauung das Streben nach höherer Erkenntnis unserer Glaubensgemeinschaft unauslöschlich eingeprägt war, kann nicht wundernehmen, und dieses Streben erkennen wir auch noch in dem unerfreulichen Bilde, das die Talmudschulen schließlich aufwiesen, als sie in Verfolg der rechtlichen und gesellschaftlichen Absonderung der Juden den Zusammenhang mit der allgemeinen Wissenschaft verloren.

Es war das unsterbliche Verdienst Moses Mendelssohns, die Fäden neu zu knüpfen, welche die Verbindung mit der allgemeinen Kultur wiederherstellen sollten. Kein Zufall, daß dies in der Zeit der Aufklärung, in der Hauptstadt des großen Friedrich geschah, als die Geister anfingen, sich freier zu regen. Man ging wieder zurück auf die Bibel, die Mendelssohns Übersetzung den deutschen Juden in der Sprache ihres neuen Vaterlandes erschloß; man fing an zu begreifen, daß deutsche Kultur und jüdische Religion sich nicht ausschließen; man erkannte von neuem, daß, wie wichtig auch die Formen als Träger und Bekräftiger des Glaubens sind, das Wesen des Judentums in nichts anderem besteht als in dem Glauben an den einig-einzigen Gott. So kräftig wurde bald diese Erkenntnis, daß ein aufgeklärter Freund der Juden ihnen den, freilich von wenig historischem Sinn zeugenden, Rat erteilen konnte, den Namen „Juden" abzulegen, da ihm so viele Vorurteile anhafteten, und sich Deïsten zu nennen.

Aber die volle Durchdringung mit dem neuen Geiste brachte erst die Arbeit von Generationen. Wir können beobachten, wie die allgemeinen politischen Verhältnisse und die besondere Politik gegenüber den Juden fortdauernd eine unverkennbare Wirkung auf die wissenschaftliche Ergründung und Entwicklung des Judentums ausübten. Das Judenedikt vom 11. März 1812 zeitigte schon in den folgenden Jahrzehnten ein steigendes Bewußtsein der erhöhten Pflichten auf wissenschaftlichem Gebiete: In der Pflege der Religion durfte man — das erkannten alsbald unsere führenden Geister — nicht hinter den christlichen Mitbürgern zurückbleiben, wenn man die gleiche Stufe erklimmen wollte. Daher der Ruf nach einer Wissenschaft des Judentums, daher der Ruf nach einer jüdisch-theologischen Fakultät. Aber wie großes auch damals von einzelnen Männern geleistet wurde, noch war die Zeit nicht reif für die volle Verwirklichung dieser Gedanken. Noch waren religiöser Indifferentismus auf der einen Seite, starre Orthodoxie auf der anderen Seite zu mächtig. Wiederholte Versuche, einen Mittelpunkt für die neue Wissenschaft zu schaffen, waren erfolglos.

Aber fast in demselben Augenblicke, in dem die deutschen Juden 1869 die bürgerlichen und staatsbürgerlichen Rechte erhielten und dadurch wirkliche Bürger unseres deutschen Vaterlandes wurden, konnte eine öffentliche Versammlung zur Begründung dieser Anstalt nach dem von Lazarus, Neumann und Stadtrat Meyer wohlausgearbeiteten Plane berufen werden. Die Gewährung der Rechte durch den Staat vertiefte das Bewußtsein der Pflicht gegenüber dem Staat, die jüdische Religion zu pflegen, die, wie jede Religion, ohne wissenschaftliche Förderung verdorren muß. Der Gedanke, den wenige Jahre später der erste deutsche Kaiser aussprach: „Dem Volke muß die Religion erhalten bleiben", enthält ein Postulat unseres deutschen Staatswesens. Dieses Postulat zu erfüllen, soweit es sich um die Juden handelt, war die Aufgabe der neuen Anstalt. Durch parteilose Pflege der reinen Wissenschaft, durch gewissenhaftes Streben nach Vermählung von Vernunft und Glauben, durch Erforschung unserer stetigen dreitausendjährigen Entwicklung war sie berufen, die Religion vor Verfall, ihre Angehörigen vor Atheismus und Indifferentismus zu schützen und auf eine gesunde, von historischem Sinne getragene Weiterentwicklung hinzuwirken.

Drei Jahre währte es noch, bis im Jahre 1872 diese Lehranstalt ihre Tätigkeit beginnen konnte. Von dem Geiste, der diese Anstalt erfüllt, werden Sie aus berufenem Munde hören. Trotz großer Schwierigkeit ist sie, wie wir glauben, ihrer Aufgabe im wesentlichen gerecht geworden. Indem sie nur die objektive Wissenschaft durch Männer aller Parteien pflegte, hat sie Gegensätze ausgeglichen und die Entwicklung gefördert; sie hat das allgemeine Interesse für die Religion und dadurch in gleicher Weise ein gesundes Selbstbewußtsein wie ein geläutertes Pflichtgefühl in weiten Kreisen geweckt und gepflegt; aus ihr sind Geistliche hervorgegangen, die neben der vollen allgemeinen Universitätsbildung eine im besten Sinne wissenschaftliche Fachbildung erlangten und dadurch zugleich Kulturträger weit über die Grenzen unseres Vaterlandes hinaus geworden sind. Daß noch viele, sehr viele Wünsche für Verbesserung und Erweiterung bestehen, die im wesentlichen wegen nicht genügender Mittel zurzeit nicht erfüllt werden können, wollen wir nicht verhehlen. Der Zukunft muß auch die Verwirklichung des Gedankens vorbehalten bleiben: der Lehranstalt eine Volkshochschule für die Wissenschaft des Judentums anzugliedern. Stets aber wird die Lehranstalt, des seien Sie gewiß, ihrer großen Aufgabe treu bleiben und sich bewußt bleiben, daß sie dadurch eine Pflicht erfüllt gegenüber der Religion wie gegenüber dem Vaterlande.

Hochansehnliche Versammlung! Wir würden kein rechtes Fest feiern, wenn wir nicht an diesem Tage unseres erhabenen Herrscherhauses gedächten. (Die Anwesenden erheben sich.) Unter dem Schutze der drei ersten Kaiser hat sich unsere Lehranstalt entwickelt. Während der Regierung Kaiser Wilhelms des Großen wurde sie begründet; er hat durch die Verleihung der Korporationsrechte die Gemeinnützigkeit unserer Bestrebungen anerkannt und ihre Entwicklung gefördert. In treuer Anhänglichkeit gedenken wir des hochseligen Kaisers Friedrich, der nur allzu kurze Zeit seines hohen Amtes waltete. Fast zwei Jahrzehnte wirkt unsere Anstalt unter der gesegneten Herrschaft des regierenden Kaisers, dessen landesväterliches Herz alle Angehörigen des Staates umfaßt, und dessen echte Religiosität vorbildlich ist auch für uns. Wir wünschen ihm dankbaren Herzens eine lange glückliche Regierung und knüpfen daran die Hoffnung, daß sich unter seinem Szepter die Religiosität entwickeln und die religiösen Gegensätze ausgleichen mögen. An dem Geburtstagsfeste, das Seine erlauchte Gemahlin heute begeht, nehmen wir freudigen Herzens Anteil. Und wie wir an unseren Feiertagen an geweihter Stätte um den Segen des Herrn für unser Herrscherpaar beten, so wollen wir auch an dem Tage, an dem wir dieses Haus dem Dienste Gottes weihen, uns einen in dem Rufe:

Seine Majestät Kaiser Wilhelm II, unser allergnädigster Kaiser, König und Herr und Ihre Majestät die Kaiserin und Königin Auguste Viktoria — sie leben hoch und abermals hoch und zum dritten Male hoch!

(Die Anwesenden stimmten begeistert in das dreimalige Hoch ein.)

Seine Exzellenz der Herr Minister der geistlichen, Unterrichts- und Medizinal-Angelegenheiten Dr. Holle:

Meine Herren! Wenn ich heute an dieser Stelle das Wort nehme, so erwarten Sie kein Eingehen auf schwierige religiöse Gebiete, wie sie der Herr Vorredner berührt hat. Ich bin hierher gekommen, um mich mit Ihnen Ihres neuen prächtigen Heims zu erfreuen und Ihnen durch mein Erscheinen, wie die übrigen Gäste, zu bekunden, daß jede ernste wissenschaftliche Arbeit und darum auch diese Anstalt, die zur tieferen Erforschung Ihrer Religion und zur Heranbildung tüchtiger Religionsdiener bestimmt ist, vollen Beifall und volle Anerkennung findet.

Die Wissenschaft, ob sie gleich nach des Dichters Wort dem Leben ihre Kraft verdankt und aus dem Leben ihr eigenes Leben nimmt, schafft doch auch erst des Lebens wahren Wert. Und dazu rechne ich neben dem höchsten Ziele, uns an die Grenzen menschlicher Erkenntnis zu führen, vor allem auch, daß wissenschaftliches Forschen auf allen Gebieten, wenn es selbstlos und in sachlicher Hingabe getrieben wird, unseren Blick weitet, uns die Auffassungen anderer verstehen läßt und so echte Duldung fördert.

Möchte sich dies auch an der Lehranstalt für die Wissenschaft des Judentums fürder bewähren! Ich wünsche ihr zu ihrem Fortschreiten im neuen Heim von Herzen Glück und Gottes Segen. (Lebhafter Beifall.)

Justizrat Dr. **Eduard Lachmann** (Vertreter der jüdischen Gemeinde zu Berlin):

Es ist mir eine angenehme Pflichterfüllung, Ihnen namens der hiesigen jüdischen Gemeinde herzlich Glück zu wünschen zur Weihe des eigenen Hauses. Bedeutet doch der heutige Tag einen bedeutsamen Schritt auf der Bahn zu jener Unabhängigkeit, die einer der Mitbegründer dieses Instituts als die Grundbedingung für die Wissenschaft des Judentums hingestellt hat, jener materiellen Unabhängigkeit, die zugleich die Gewähr für die wissenschaftliche Selbständigkeit ist.

Blicken wir zurück auf die Wegstrecke, die Sie zurückgelegt und auf der wir Sie mit unserem Herzen gern begleitet haben, so sehen wir gar mannigfache Beziehungen zwischen Hochschule und Gemeinde sich herausbilden, äußerliche und innerliche, gewissermaßen dem Charakter jener beiden Männer entsprechend, die zur Zeit der Errichtung dieser Anstalt der Repräsentantenversammlung unserer Gemeinde ihr Gepräge aufdrückten: Makower und Lazarus. Beide, so grundverschieden in ihrer Art und in ihrem Charakter, aber gleich in ihrer glühenden Begeisterung für das Judentum und seine Wissenschaft, für unsere Gemeinde wie für die neugegründete Lehrstätte, kennzeichnen durch ihre Eigenart zugleich die verschiedenen Wege, auf denen die jüdische Gemeinde der Hochschule näher getreten ist. Wurde auch Makowers letzter Wunsch nicht zur Wirklichkeit, der dahin ging, die Hochschule mit der Gemeinde organisch zu verbinden, sie durch Umwandlung in ein Gemeindeinstitut von materiellen Sorgen unabhängig zu machen, so hat es doch unsere Gemeinde jederzeit für eine Ehrenpflicht angesehen, zu den Bedürfnissen der Anstalt nach ihren Kräften beizusteuern und hat das stetige Wachstum dieser Bedürfnisse im Interesse des Judentums mit Freuden begrüßt. Gern haben wir den Hörern die Kanzel unserer Gotteshäuser zu Übungszwecken überlassen und haben ihnen Gelegenheit geboten, an den hohen Festtagen ihr homiletisches Können an den geweihten Stätten unserer Gemeinde zu entfalten.

Eine besondere Freude aber war es uns, 1891 bei der Errichtung der Synagoge in der Lindenstraße durch Aufnahme der Lehranstalt in die Räume unseres Synagogengrundstücks dazu beizutragen, daß die in unserer Stadt besonders schwierige Wohnungsfrage während der Dauer von $1^1/_2$ Jahrzehnten dem Institut keine Sorge bereitete.

Als weit wesentlicher aber betrachten wir die inneren Beziehungen, die sich, je länger desto mehr, zwischen Gemeinde und Lehranstalt entwickelt haben. In ununterbrochener Folge hat von Beginn an zwischen der Hochschule und der jüdischen Gemeinde in Berlin ein geistiger Konnex bestanden, indem die hervorragendsten unter den Männern, die das Lehramt in unseren Synagogen ausübten, sich zugleich als Mitglieder Ihres Lehrerkollegiums betätigten. Die Namen Geiger, Frankl und Maybaum werden in beiden Lagern mit Stolz genannt und geben den Beweis für die Einheit des Geistes und der Gesinnung in den Verwaltungen beider Körperschaften. Von solcher Gleichartigkeit der Anschauungen zeugt auch, daß von 8 Rabbinern, die zurzeit in unserer Gemeinde amtieren, nicht weniger als 4 zu den einstigen Hörern der Lehranstalt zählen. Sie tragen unausgesetzt dazu bei, von unseren Kanzeln denjenigen Geist der Wissenschaftlichkeit und Unparteilichkeit, den Geist der religiösen Einigkeit und der Milde zu verbreiten, der das Kennzeichen dieser Anstalt ist und, so Gott will, dauernd bleiben wird.

Von unseren äußeren Beziehungen ist eine dadurch, daß Sie in ein eigenes Heim gezogen sind, geschwunden; um so fester und inniger möge die innere Gemeinschaft bleiben, die beide Institutionen miteinander verbindet. Mögen sie beide gemeinsam fortschreiten in der Erfüllung ihrer heiligen Aufgabe und sich gegenseitig fördern in den Bestrebungen für die religiösen Grundsätze unserer Glaubensgenossen in Schule und Gotteshaus. (Beifall.)

Justizrat Dr. Eugen Fuchs (Vertreter des Verbandes der Deutschen Juden und des Zentralvereins Deutscher Staatsbürger jüdischen Glaubens):

„Mir ist es zu meiner großen Freude vergönnt, den Wünschen Ausdruck zu geben, mit denen der Verband der deutschen Juden und der Zentralverein deutscher Staatsbürger jüdischen Glaubens diese weihevolle Stunde begleiten. Ich darf sagen, daß beide Körperschaften, die mich zum Dolmetsch ihrer Wünsche gemacht haben, an dem Gedeihen der Lehranstalt, das in der Schaffung eines eigenen Heims einen sichtbaren Ausdruck findet, mit gleicher Wärme Anteil nehmen und daß es den Vorständen beider Körperschaften nicht bloß eine Pflicht konventioneller Höflichkeit, sondern ein wahres Herzensbedürfnis ist, diese Anteilnahme in dem Wunsche zum Ausdruck zu bringen, daß Gottes sichtbare Gnade auch weiter über der Lehranstalt walten möge. Was uns das Herz bewegt und diesen Wunsch eingibt, ist mehr als die bloße ideale Freude an der Wissenschaft und die Sympathie für ihre Hüter und ihre Jünger. Wir sind uns bewußt, daß die Anstalten, in denen jüdische Wissenschaften gepflegt und das Wissen vom Judentum gemehrt wird, welcher Richtung sie auch angehören mögen, ob einer strenggläubigen oder einer freisinnigen, eine hohe und bedeutungsvolle Mission zu erfüllen haben und daß ihr Wirken und Schaffen nicht bloß der Wissenschaft und der Religionsgemeinschaft, sondern auch dem Vaterlande und der gesamten Kulturgemeinschaft zugute kommt.

Wir vom Zentralverein sind, je länger, je mehr von dem Gedanken durchdrungen worden, daß wir bei unsern Bestrebungen nicht der Hilfe entraten können, die uns die Wissenschaft des Judentums und vom Judentum gewährt. Wir haben uns im Zentralverein in sturmbewegter Zeit, wo Haß und Abfall an den Grundfesten des Judentums rüttelten, wo Antisemitismus und Renegatentum wie zwei Meeresbrandungen den Fels des Judentums umstürmten, zusammengefunden, um die Juden zu sammeln und zu kräftigen in der Treue zur Glaubensgemeinschaft neben der Treue zum Vaterlande. **Abwehr verlangt Kenntnis und Treue.** Nur die Wissenschaft kann uns das Rüstzeug geben, um im Kampfe zu bestehen. Wer das Judentum kennt, der wird es achten, und wer sich erfüllt mit seinem Geiste, seiner Lehre und seiner Geschichte, der wird dessen inne werden, daß man von ihm nicht abzurücken braucht, um seinem Vaterlande ein getreuer Sohn zu sein. Deshalb sind uns die Stätten, in denen jüdisches Wissen gepflegt und das Wissen vom Judentum gemehrt wird, die willkommenen Arsenale in dem uns aufgedrungenen Kampfe, und die Hüter und Jünger der Wissenschaft sind uns willkommene Genossen, die unsere Waffen mit Kraft erfüllen. Wir brauchen diese Waffen nicht zum Angriff, sondern zur Verteidigung. Wir sind nicht der Meinung, daß der Kampf gerade naturnotwendig ist, daß wir vielmehr die großen Zustände des Lebens, in die uns mehr das Geschick als die Wahl hineingestellt, Familie, Vaterland und Glaube, überhaupt gegeneinander nicht abwerten und gegeneinander nicht ausspielen dürfen; denn jeder darf und soll sagen, daß er die besten Eltern, das beste Vaterland und den besten Glauben hat. Wenn aber unsere Religion und unsere Ethik von unsern Gegnern abgewertet wird, so sollen wir um unserer Väter Ehre und um unserer eigenen Ehre willen den Kampf aufnehmen und im Lichte der Wahrheit den Nachweis führen, daß die Religion, die der Welt die Offenbarung, das Sittengesetz, die alles umfassende Nächstenliebe gegeben und die zum erstenmal den Grundsatz aufgestellt hat, daß wir das menschliche Leben immer dem göttlichen zustrebend gestalten, rein und heilig werden sollen, nicht unmoderner und unethischer ist als irgend eine andere und daß wir kein Gesetz und keinen Grundsatz haben, der vor dem Richterstuhle modernsten Empfindens nicht bestehen könnte. Durch Kampf zur Wissenschaft, durch Wissenschaft zur Treue, die den Kampf überdauert!

Den Verband der deutschen Juden beherrschen ähnliche Empfindungen; er will das geistige Band sein, das die verschiedenen Organisationen und die geistigen Kräfte des Judentums zu gemeinsamer, planmäßiger Arbeit vereinigt, damit die Gleichberechtigung durchgeführt und das Judentum erhalten und gekräftigt wird. Ist unser Stamm ein Volk des Buches, so müssen die Hüter des

Buches natürlich seinem wärmsten Interesse begegnen. Zu dem Programm des Verbandes, das ich die Ehre hatte, vor zwei Jahren vor der Hauptversammlung zu entwickeln, gehört es, daß er aufklärende und apologetische Schriften in die Lande sendet, welche über das Wesen des Judentums und seine Ethik Aufschluß geben sollen. Wird diese Aufgabe erfüllt, wird das Wesen des Judentums voll erkannt werden, dann wird der Antisemitismus, der im philosophisch-ethischen Gewande einhergeht, ebenso verschwinden, wie der Antisemitismus der Straße.

Uns allen drei Institutionen, dem Verband, dem Zentralverein und der Lehranstalt, ist gemeinsam, daß wir uns frei geschaffen haben, und im freien Spiel der Kräfte um unser Leben ringen müssen. Kein augustisch Alter hat uns bisher geblüht, keines Medicäers Güte uns bisher gelächelt. Ob es in absehbarer Zeit anders werden wird — $\vartheta\varepsilon\tilde{\omega}\nu\ \dot{\varepsilon}\nu\ \gamma o\dot{\upsilon}\nu\alpha\sigma\iota\ \varkappa\varepsilon\tilde{\iota}\tau\alpha\iota$. Was aber auch immer der Kreislauf der Jahre bringen möge, mag auf der eigenen Scholle der Baum der Lehranstalt blühen, wachsen und gedeihen, frei im Sonnenschein und frei in Sturm und Wind, mag er knorrig werden, wurzelfest und fruchtbeladen und mögen seine Früchte dem deutschen Vaterlande und dem Judentum zum Segen gereichen. (Beifall.)"

Rabbiner Dr. **Adolf Rosenzweig** (Vertreter der ehemaligen Hörer der Lehranstalt):

Mir ist als einem der ältesten Hörer der Lehranstalt, als dem ersten, der in die Seelsorge unserer Glaubensgemeinschaft aus dieser Anstalt getreten ist, der ehrenvolle Auftrag geworden, im Namen Vieler, die einst Hörer dieser Anstalt gewesen und heute auf dem ganzen Erdenrund zerstreut wirken als Lehrer des Gotteswortes, als Bildner der Jugend, als Männer des Wissens auf den verschiedenartigen Gebieten sich betätigen, den hochverehrten Herren Kuratoren den Dank der Herzen, die Glückwünsche der Seelen entgegenzubringen, ihnen zu künden das, was die Seele der Fernen und der Nahen bewegt an dem heutigen Tage, an dem die Lehranstalt ihr eigenes Heim bezieht.

Unwillkürlich lenken sich unsere Blicke in die Vergangenheit, in jene ernste Zeit, da vor 35 Jahren wir als Schüler der Anstalt in den engen, finsteren Räumen standen und dort gelauscht haben den Worten unserer Lehrer und Meister. Es waren Zeiten der Kinderkrankheiten, die alles, was ins Leben, in die Welt der Erscheinungen tritt, durchmachen muß; es waren Zeiten der Kämpfe, aber auch Zeiten reichen Segens, denn große Lehrer nannten wir unser eigen.

Aber auch der Hörer soll gedacht werden in dieser Stunde! Denn ob auch die Lehrer das Gepräge ihres Geistes aufdrücken den Schulen — die Schüler sind die lebendigen Bausteine, aus denen die Anstalten bestehen. Es ist ein sinniges Wort, das ein alter Meister in Israel gesprochen: „Viel habe ich gelernt von meinen Lehrern, noch mehr von meinen Schülern!" und nicht minder gewiß ist es: Sokrates wäre nicht der Weise geworden, wenn er nicht Schüler besessen hätte, Schüler, die seinen Worten lauschten und durch Fragen und durch Ideen seine Gedanken befruchtet hätten.

Es war eine große Zeit, denn Lehrer und Schüler waren beseelt von dem Idealismus für die Wissenschaft des Judentums. Mancher Hörer hat gedarbt und geseufzt und gesorgt und doch, er blieb stark, denn sein Idealismus lebte in ihm.

Und heute, wie ganz anders ist es! Das Wanderzelt ist abgebrochen; ein festes Heiligtum erhebt sich mit hellen freundlichen Räumen, die durchflutet werden vom Sonnenlicht, und ungehemmt kann der Blick hinaus sich ringen auf das wogende Leben, empor zu den Giebeln stolzer Schöpfungen des menschlichen Geistes, höher noch empor zum Himmel, wo Er thront, der unser bleibt allezeit! Und da an einst und jetzt wir denken, da erwacht ein Segensspruch, wie es Alt-Israels Brauch ist, in unseren Seelen: „Gelobt sei Er, der die Zeiten ändert!" Ja, er ändert die Zeiten, indem er die Werkzeuge für sein Wirken und Schaffen sich wählt, und ein Werkzeug in der Hand Gottes ist auch das Kuratorium unserer Lehranstalt gewesen. Dafür Dank Ihnen, meine Herren, Dank, heißer Dank!

Ein Denkmal soll dies Haus sein und ein Zeuge, daß auch wir, die Kinder einer neuen Zeit, erfüllt sind von Glauben und Treue; ein Denkmal soll es sein und bleiben, daß in uns lebt die Wahrheit, die der Prophet gekündet: Israel bleibt nicht verwaist und ist nicht verwaist; ein Denkmal soll es sein, daß auch in unserer arg verlästerten Zeit Idealismus, Begeisterung für die höheren Güter fort und fort leben in den Herzen der

Menschen; ein Denkmal soll es sein für Israels Treue, aber auch für den stillen selbstlosen Sinn, der in Ihnen, geehrte Herren Kuratoren, gelebt hat, daß Sie nicht ruhten, bis das schöne Werk errichtet worden zur Ehre Gottes! Ein Denkmal der idealen Gesinnung in Israel und ein Mahner soll dies Haus sein, ein Mahner an all jene, die zu Israels Gemeinschaft gehören, eingedenk zu bleiben, daß ein heilig Erbe uns ist geworden, ein Erbe, mit dem gegeben ist das Licht, das uns leuchtet, die Kraft, die uns trägt, die Daseinsberechtigung für unser Sein in der Geschichte! Ein Denkmal und ein Mahner soll dies Haus sein für uns alle, die wir Israels Gemeinschaft angehören, zu pflegen diesen Gottesgeist, der in Israel gelebt hat — „alle deine Kinder Lehrlinge Gottes, groß ist das Heil deiner Kinder." Und ein Denkmal und ein Mahner soll das Haus bleiben für uns, die wir einst in den Räumen der Lehranstalt lauschten den Worten unserer Lehrer, wie für jene, die heute Hörer sind und die als Hörer kommen werden, daß niemals vergessen werden darf, was wir der Anstalt und unseren Lehrern schulden: Dankbarkeit! Sie ist das Kennzeichen höheren Odems im Menschen; bewähren sollen wir das Wort, das der alte Geist im Judentum geprägt hat: „die Ehrfurcht vor Deinem Lehrer, sie sei gleich der Ehrfurcht vor dem Himmel!"

Ein kleines Scherflein haben gesammelt die ehemaligen Hörer der Lehranstalt, einen kleinen Beitrag, der zum Schmucke dieser Räume Verwendung finden soll. Das soll ein Zeugnis sein des Geistes, der uns erfüllt, des Geistes, der niemals schwinden soll aus den Hörern, die hier vernommen das Wort des Lebens und des Glaubens!

Ein hehrer Festtag ist heute für die Anstalt! Wenn Israel Feste feiert, dann erwacht das Wort aus alten Zeiten, das der Psalmist gesprochen, in unseren Seelen: „Diesen Tag hat Gott gemacht, drum wollen wir jubeln und freudig sein"! Ja, Gott hat diesen Tag gemacht, darum wollen wir Gott danken und ihm jubeln. Und dieses höchste Wissen von dem Glauben an Gott soll eine Pflegestätte finden in diesen Räumen, die geweiht sein mögen dem Glauben und dem Wissen! Und an diesen Wunsch schließe sich das Gebet, das an das erstere Wort sich reiht: „ach Gott, hilf; ach Gott, laß es gelingen! Hilf, o Gott, dem Reste Israels, daß nicht weiche Dein Wort, nicht aus unserem Munde, nicht aus dem Munde unserer Kinder, nicht aus dem Munde unserer Kindeskinder bis in Ewigkeit! Amen!

Der derzeitige Vorsitzende des Lehrerkollegiums Herr Rabbiner Professor **Dr. S. Maybaum** hielt demnächst einen Vortrag über „Die Wissenschaft des Judentums", der seitdem in der „Monatsschrift für Geschichte und Wissenschaft des Judentums" zum Abdruck gelangt ist.

Herr Justizrat **Dr. Veit Simon** schloß die Feier und forderte die Anwesenden zur Besichtigung des Anstaltsgebäudes auf.

III.

Trauerrede

auf

Professor Dr. Gustav Salomon Oppert

gehalten im

Trauerhause am 19. März 1908

von

Rabbiner Dr. M. Warschauer.

להיות עיניך פתוחות אל הבית הזה

Laß mit Liebe und Erbarmen Dein Auge ruhen, Ewiger unser Vater, auf diesem Hause und auf uns, die wir in ihm zu wehmütigem, trauervollem Abschied von seinem Herrn versammelt sind. Laß die Stunde treuen, liebevollen Gedenkens, die wir dem Heimgegangenen weihen an der Stätte, die uns sein Bild und sein Schaffen so lebendig vor Augen stellt, an uns zum Segen werden: mag sie Trost und Frieden spenden den bekümmerten Herzen der Seinen, uns sein Bild schenken in Verklärung zu dauerndem, dankbarem Gedächtnis, mag sie uns stärken im Guten, uns des Verblichenen Tugenden aufs neue erkennen lassen in ihrem sittlichen Werte, auf daß wir fürder sie lieben und ihnen zustreben in unserem eignen Leben, Amen!

Meine werten Leidtragenden!

Andächtige Trauerversammlung!

Daß wir der Stunde des Abschiedes von einem teueren Heimgegangenen durch die Religion Weihe und Inhalt geben lassen, hat seinen guten Sinn und ist in unserem Empfindungsleben tief begründet. Ganz besonders aber, so scheint mir, ist die Religion berufen, die Stunde zu verklären, da wir Abschied nehmen von einem Gelehrten, einem Manne der Wissenschaft, sein Lebensbild vor uns entrollen, die sittliche Summe seiner Lebensarbeit zu ziehen trachten.

Wahre, echte Religion wird nämlich, so deucht mir wenigstens, einen jeden wirklichen Gelehrten — wie immer er sich zur religiösen Weltanschauung stellen mag — zu ihren eigensten und besten Dienern rechnen. Der Drang nach der Wahrheit, die Freude an der gewonnenen Wahrheit, an der Erkenntnis — das sind seelische Besitztümer der Menschen, die der religiösen Gefühlswelt am nächsten stehen, wenn nicht einfach ihr zuzurechnen sind. Vor allem aber ist der Dienst der Wahrheit ein

Dienst Gottes: wer sie fördert, der wirket wie nicht leicht ein anderer für das Reich Gottes auf Erden, für den geistigen und sittlichen Fortschritt der Menschheit; und wer ihrem Dienste sich weiht, der hat so viel zu leisten an Selbstbezwingung, an Entsagung, an hingebender emsiger Arbeit, an selbstloser Treue für das Kleinste, daß schon hierdurch sein Leben und sein Schaffen sittliche Werte in sich schließen, die sicherlich die Religion am ehesten würdigen muß.

Mit solchen Gedanken und mit der aus ihnen sich ergebenden liebevollen Wertschätzung, die übrigens gerade unsere Religionsgemeinschaft den Dienern der Wissenschaft, ihren bevorzugten Lieblingskindern, stets hat angedeihen lassen, scharen wir uns zum Abschiede um die Bahre unseres heimgegangenen

Gustav Salomon Oppert.

Von ihm als einem Gelehrten reden, heißt aber, ihn und sein Leben kennzeichnen mit einem Worte: Die Wissenschaft bildete fast den alleinigen Inhalt des Lebens dieses Mannes, der ihr allein von Jugend auf bis zuletzt gedient, Weib und Kind nie besessen hat; und er diente ihr mit jener Selbstverständlichkeit und restlosen Hingebung, mit jener Schlichtheit und Bescheidenheit, die ihn zu dem leider in unseren Tagen immer seltener werdenden Typus des Gelehrten, und zwar des deutschen Gelehrten, machten.

Er gehörte zu jenen sympathischen Erscheinungen in der Welt der Wissenschaft, die man kennzeichnen darf mit dem Worte des Spruchdichters:

ואת צנועים חכמה

„Bei den Bescheidenen wohnt die Weisheit."

Eine seltene Bescheidenheit ist wohl in seinem Bilde der charakteristische Zug; sie verdeckte geradezu seinen wirklichen Wert. Wer mit dem schlichten, anspruchslosen, wir dürfen es sagen, sogar ein wenig unbeholfenen Manne, der so aufmerksam anderer Urteile anhörte und so willig sie gelten ließ, in nur oberflächliche Berührung kam, der ahnte wohl kaum etwas von der Fülle von Erfahrung und Wissen, die dieser Mann auf seiner Lebensreise durch ferne Länder und fremde Erdteile und in ununterbrochener emsiger Arbeit in sich aufspeichern durfte.

Sein Lebensgang bereits ist kein ganz gewöhnlicher. Es waren eigentlich nur die wissenschaftlichen Lehrjahre, die er auf dem Boden der Heimat verleben durfte. Ein starker wissenschaftlicher Drang — er sah seinen Namen Salomon mit einem gewissen Stolze als eine Symbolisierung seines Wissensdranges an — erfüllte ihn von Jugend auf und wurde in ihm auch wohl genährt durch das Beispiel zweier älterer Brüder, von denen der eine gleich ihm in fremdem Lande zu Ehren und Ansehen gelangt ist, während der andere mit dem Berufe des Kaufmanns wissenschaftliche Betätigung zu verbinden wußte. An die Lehrjahre auf deutschen Universitäten schlossen sich dann die Wanderjahre, die so reich sind an bemerkenswerten, interessanten, ihn selber geistig mächtig fördernden Beziehungen: der Aufenthalt in England, dessen Bedeutung für ihn uns gegenwärtig wird durch die Namen der ehrwürdigen Bodleyana zu Oxford, der er einige Zeit seine Dienste weihen durfte, Max Müllers, der ihn förderte, der verehrungswürdigen Königin Victoria und ihrer Kinder, denen er als Bibliothekar diente und die ihn freundlich schätzten, daran sich schließend die mehr als 20 jährige Lehrtätigkeit an der Hochschule des uralten Kultur- und Wunderlandes Indien, wo die Fäden zwischen seiner Wissenschaft und dem ihn umgebenden Leben so fest und eigenartig sich spinnen mußten; endlich der Abschluß seiner Wanderschaft durch eine Weltreise, auf der er noch einmal große Eindrücke sammelte, um dann zurückzukehren in die Heimat zu stiller Gelehrtenarbeit und zum Lehramt an der ersten Hochschule des Vaterlandes.

Auf diesem interessanten und bemerkenswerten Lebenswege aber war treue, emsige Arbeit seine stete Begleiterin. Er hat durch eine große Zahl fleißiger und gelehrter Untersuchungen seine Fachwissenschaft gefördert und sich besonders an seiner indischen Wirkungsstätte hohes Ansehen erworben, sodaß er noch bei dem demnächstigen Orientalistenkongresse als ihr Vertreter erscheinen sollte. Vor allem aber verdient hier hervorgehoben zu werden, daß seine wissenschaftliche Arbeit sich nicht in der Spezial- und Detailforschung erschöpfte, sondern auch gern größere sprachwissenschaftliche und kulturgeschichtliche Zusammenhänge suchte: so nähert sich seine Arbeit über die Einteilung der Sprachen den Problemen der Sprachphilosophie und schwebte als Abschluß seiner Untersuchungen ihm bis zuletzt der Plan einer Kulturgeschichte der Inder vor.

Es wohnte also ein gut Stück Weisheit, Weltkenntnis und

gelehrtes Wissen in dem schlichten, unscheinbaren, bescheidenen Manne. Wenn wir unter Weisheit aber vor allem die Verbindung geistiger Qualitäten mit sittlichen, die Vereinigung von Kraft des Geistes und Güte des Herzens verstehen, so dürfen wir erst recht von ihm sagen: ואת צנועים חכמה daß Weisheit in ihm wohnte.

Er besaß ein Herz ohne jeden Arg, er konnte niemandem Leides tun und war von niemandem Leides gewärtig, er war von der Herzensgüte und Herzenseinfalt eines Kindes. Diese Seite seines Wesens mag sich ja wohl vor allem und am intensivsten seinen Familienangehörigen erschlossen haben: hing er doch mit der innigsten Liebe an seinen trefflichen Eltern, deren Haus mit dem Glücke seiner Kindheit Gegenstand dankbarer, treuer Erinnerung bei ihm war bis in seine letzten Tage; war er doch allezeit mit den Banden inniger Liebe mit den Geschwistern verknüpft, trotzdem man in alle Winde zerstreut war, und hat doch besonders seine hier weilende Schwester mit den Ihrigen den Verlust seiner treuen, ihnen täglich zugewandten Liebe und Fürsorge zu beklagen.

Aber nicht ihnen allein gehörte sein Herz, sondern in lebendiger Teilnahme und liebender Hingebung schlug es für alle, die seine Freunde sich nennen durften.

Und dazu rechne ich vor allem unsere Lehranstalt für die Wissenschaft des Judentums, ihre Kuratoren, Lehrer und Jünger.

Dieser Anstalt, ihren Zielen, den mit ihr verknüpften Personen hat er seit 7 Jahren eine so hingebende Begeisterung, Liebe, Freundschaft gewidmet, sie in so mannigfacher Weise gefördert, daß er sich hier ein unauslöschliches, dankbares Andenken gesichert hätte, auch wenn seine hochherzige Fürsorge für die Zukunft der Anstalt ihm ein solches nicht geschaffen haben würde. Was er für den Ausbau ihres Bibliothekwesens und ihrer Lehrverfassung geleistet hat, die rührende Liebe und Sorgfalt, womit er wie seit Jahren auch noch in diesem Winter die der Mehrung des Stipendienfonds dienenden Montagsvorlesungen organisierte, dies alles sichert ihm in den Annalen der Anstalt und den Herzen aller ihr Zugehörigen ein treues, dankbares Gedenken.

Daß ein solches ihm bleibt bei allen, die ihn kannten, daß sein Name in Ehren fortlebt überall, wohin er selbst ihn getragen durch sein Wirken — das aber soll der Trost sein, der aus der Betrachtung seines Lebens uns erblüht in dieser Scheidestunde.

Es ist wahr, was unserer Weisen oft angeführtes Wort sagt: Die Trauer, die eines Menschen Heimgang erregt, zeigt an, ob er zukünftiges Leben sich erworben habe.

Darum, teuerer Verblichener, sind wir getröstet ob Deines Endes:

Du lebst in alle Zukunft, lebst fort in den Herzen der Deinen, im Andenken Deiner Freunde, in den Annalen Deiner Wissenschaft.

Du lebst fort hier auf Erden durch den sittlichen Ertrag Deines Schaffens und Wirkens — und darum lebst Du fort, blühet Dir erst recht Deine Zukunft im Reiche unseres ewigen Vaters.

לך לשלום So zieh hin in Frieden. לֵךְ כִּי שְׁלָחַךְ ה׳ gehe ein zu ihm, der Dich gerufen hat.

Amen!